AF565876

Claudia Duwe

Die Haushaltsglück-Methode – Make a Wis(c)h

Claudia Duwe

Make a Wis(c)h Die Haushaltsglück-Methode

Putzen, fegen, Kaffee kochen:
Wie wir uns mit kleinen Handgriffen
auf Erfolgskurs bringen

SILBERSCHNUR VERLAG

ISBN: 978-3-96933-075-3

1. Auflage 2024

Gestaltung & Satz: XPresentation, Güllesheim unter Verwendung verschiedener Motive von © Saramix, © andikagp, www.shutterstock.com
Umschlaggestaltung: XPresentation, Güllesheim; unter Verwendung verschiedener Motive von © Pretty Vectors, www.shutterstock.com; © image: Freepik.com
Druck: PB Tisk, a.s. Czech Republic

Verlag »Die Silberschnur« GmbH · Steinstraße 1 · D-56593 Güllesheim
www.silberschnur.de · E-Mail: info@silberschnur.de

Inhalt

Hereinspaziert

Es gibt nichts Gutes, außer man tut es – und so bist du mal wieder mit Hingabe dabei, dich um den Haushalt zu kümmern. Begeistert polierst du das Kochfeld, siehst der Bügelwäsche gelassen entgegen und schwelgst im Anblick farbenfroher Putzschwämme, die dir zurufen: Benutz' uns! Du kannst es kaum erwarten, die Kaffeemaschine ihrer wöchentlichen Reinigung zu unterziehen und den gelben Sack rauszutragen – doch nicht nur deinen Haushalt hast du voll im Griff: Auch Job, Termine und allerlei Familienturbulenzen meisterst du stets in bester Stimmung.

Knapp daneben?

Wie wäre Szenario zwei: Du bist total im Stress, denn gleich kommt die Putzfee. Also gilt es, in letzter Minute noch aufzuräumen, private Notizen vom Badezimmerspiegel zu entfernen und zu überlegen, was sie heute alles tun soll. Die Bügelwäsche ist leider noch nicht mal gewaschen, und den speziell von ihr gewünschten Kloreiniger hast du nirgendwo bekommen – trotzdem möchte sie künftig fünf Euro mehr die Stunde. Doch viel Zeit für Traurigkeit bleibt dir nicht, weil dein wöchentliches Anti-Stress-Training ansteht: eine teure Privatstunde beim besten Coach der Stadt. Empfohlen von Freundin Ida, die sich seit Jahren im Dauerstress befindet und, wie sie sagt, nur durch dieses Coaching überleben kann. Und so fließt dein Geld heute gleich zwei Mal in den lobenswerten Versuch, Ordnung zu schaffen – im inneren und im äußeren Durcheinander.

Hand aufs Herz

Ob Putzfee oder Anti-Stress-Coach, die Ordnung hält nicht lange an. Gerade strahlt das Waschbecken noch frisch – doch nur zwei Mal benutzt und die Spuren der Sauberkeit sind dahin. Das Kind streut munter Badewasserfarbe ins Schaumbad – und ins restliche Bad –, der Hund trabt freudestrahlend vom Garten mit Schmutzpfoten ins Haus und die Apfelsaftflasche fliegt mit Karacho vom Tisch und ergießt sich in einer Saft-Scherben-Soße über den frisch gewischten Küchenboden. Die innere Ordnung wackelt auch gleich mit – tieeef durchatmen – und eigentlich wolltest du noch schnell etwas kochen. Doch für leckere Pasta mit Champignonrahmsoße fehlt eine unwesentliche Kleinigkeit: die Champignons.

»Tja«, grinst das Chaos dir frech ins Gesicht, »da habe ich wohl mal wieder gewonnen.« Same procedure as every day. Hand aufs Herz: Im täglichen Wettlauf mit Zeit und zig To-dos bist du höchstens durch Zufall mal als Erste am Ziel. Weniger Hetze, mehr Lebensfreude, das wär's! Doch woher nehmen, wenn nicht stehlen?

Kleine Handgriffe und das Spiegelprinzip

Was in der Eile oft verloren geht, ist unser Sinn für kleine Handgriffe mit großer Wirkung: Wir hechten dem »Großen« hinterher, statt unser Augenmerk den Kleinigkeiten zu schenken, die dafür sorgen, dass alles rundläuft.

Wer zum Beispiel die Welt retten will, braucht zunächst ein gutes Frühstück. Sonst müssen wir uns mit flauem Magen ins große Abenteuer stürzen, und das ist keine gute Voraussetzung für den Sieg. Und es kommt noch schlimmer: Das Handy hat nur noch zwei Prozent, und die Wasserflasche ist leer. Die Pumps sind zum Sprinten ungeeignet, und das Kostümchen trotzt dem Regenwetter nur kurz. Die Wimperntusche ist nicht wasserfest, und spätestens der Blick in den Spiegel offenbart, was wir ahnten: Mit der Rettung der Welt ist was schiefgegangen. Mit der gesunden Ernährung auch, denn der Magen hängt uns in den Knien, und im Kühlschrank liegt mal wieder bloß Schokolade.

Hätten wir besser vorgesorgt, hätte es besser laufen können. Aber über Kleinigkeiten spricht ja niemand. Sicher kann es sich sehen lassen, Olympiasieger zu werden oder Nobelpreisträger. Aber ist es denn keine Leistung, wenn wir es mal geschafft haben, gesund zu frühstücken und pünktlich das Haus zu verlassen? Wir bekommen keinen Pokal, wenn wir das Handy aufgeladen, den Kühlschrank gefüllt oder uns etwas Gutes gekocht haben – diese Dinge fallen nur auf, wenn sie nicht erledigt sind. Dann aber umso schmerzlicher – was uns wieder mal daran erinnert, dass selbst große Erfolge eben letztlich den kleinen Handgriffen geschuldet sind.

Hinter jedem Nobelpreis steht
ein gutes Frühstück.

– Haushaltsglück-Weisheit –

Vergessene Kleinigkeiten – das kräftigste Standbein jeden Durcheinanders. Wir folgern: Schon mit ein paar sinnvollen Handgriffen zwischendurch lässt sich Chaosalarm abwenden. Doch warum vergessen wir die Kleinigkeiten überhaupt? Hier kommt das Spiegelprinzip ins Spiel: Die äußeren Umstände spiegeln, wie es in uns aussieht – und umgekehrt. Sind wir nicht in Balance, erschöpft, überfordert oder genervt, kümmern wir uns oft schon nicht gut um uns selbst – wer hat da noch Lust, an alle möglichen Kleinigkeiten im Haushalt zu denken? In uns herrscht das Chaos – und sodann auch um uns herum. Wie innen, so außen.

Balsam gegen den Weltschmerz – oder doch nicht?

Genug von vergessenen Kleinigkeiten und Spiegelprinzip – lenken wir uns doch einfach ab! Jetzt muss schnell eine Stimmungsaufheiterung her. Die Entscheidung fällt für Pizzaabend mit Fernsehen: Das vertreibt bekanntlich Kummer und Sorgen.

Gesagt, getan. Nach einer Weile fühlst du dich pappsatt, und der leidige Pizzakarton verstopft die Altpapiertonne. Im Fernsehen kam nichts Gutes, also hast du zwei Stunden nur rumgezappt. Was, schon so spät? Das Sofa ist mit Krümeln übersät, und es ist längst Schlafenszeit, weil morgen der nächste volle Tag ansteht.

Wir sind uns einig: Wohlgefühl sieht anders aus. Auf diesem Level scheinen wir bloß zwischen leerer Pizzapappe, Kopfschmerzen und schaler TV-Programmauswahl zu rotieren – und das morgige Tagesprogramm dürfte wieder bei überfüllter U-Bahn, vollem Schreibtisch und schmerzhaften Nackenverspannungen liegen.

Mal ehrlich: Der Pizzaabend vor dem Fernseher hat uns keinen Schritt weitergebracht – nicht als Stimmungsaufheiterung und schon gar nicht im Hinblick auf das Chaosproblem. Wir müssen die ganze Schieflage anders und vor allem nachhaltiger überlisten.

Die Lösung liegt immer zu Hause

Wenn du die Welt ändern willst, starte damit, morgens dein Bett zu machen – dieser Ratschlag von William Henry McRaven, einem ehemaligen US-Navi-Admiral, ging um die Welt.[1] Seine Begründung: So hast du ein erstes Erfolgserlebnis, das dich gleich mal für den Tag positiv stimmt und motiviert. Wir müssen also im Kleinen anfangen, dann klappen auch größere Dinge. Ein ordentliches Bett ist wie ein kleiner Lichtblick, der uns das Gefühl von Frieden vermittelt – ein kleiner Bereich, in dem die Welt buchstäblich in Ordnung ist und uns zuflüstert: »Alles ist gut.«

Die Realität außerhalb unserer vier Wände mag ernüchternd sein, und es liegt meist nicht in unserer Macht, gerade mal das Weltgeschehen zu verändern. Doch zu Hause können wir durchaus »ein kleines Stück Welt« in Ordnung bringen. Also liegt es auf der Hand: Die Lösung liegt immer zu Hause!

---

[1] Die Rede ist auf YouTube zu finden, den (zum jetzigen Zeitpunkt funktionierenden) Link findest du hinten bei den Quellenangaben.

Du glaubst, du kannst nichts
in der Welt verändern?
Trugschluss!

- Dein Zuhause -

Die fantastische, allzeit anwendbare Haushaltsglück-Methode

Packen wir dieses Grundprinzip nun in ein einziges, wunderbares, magisches Wort … Wie könnte es wohl lauten? Ganz genau, das kann man ja wohl nur »Haushaltsglück« nennen! Haushaltsglück ist der Zauberschlüssel, der dir deinen Alltag versüßt und das Chaos vertreibt. Egal, ob es sich um Alltagsstress, Probleme im Job, dicke Luft, schlechte Laune oder ungünstige Umstände handelt, Haushaltsglück kann bei alledem ansetzen und eine Verwandlung einleiten: Bring eine Ecke in deinen vier Wänden in Ordnung (mach dein Bett oder räum die Küche auf), und ein bisschen Frieden kehrt ein.

Egal, wie groß das Ungemach ist, du bietest ihm mit ein paar sinnvollen Handgriffen die Stirn und setzt dem gefühlten Chaos eine kleine Ecke Ordnung entgegen. Mit dem Erfolgskick, den das auslöst, nimmt die Magie nun ihren Lauf: Deine Laune wird besser, und deine Bereitschaft, direkt noch etwas anzupacken, erhöht sich.

Hausarbeit bietet uns die magische Chance,
mit wenig Zeitaufwand
Erfolgsgefühle zu schaffen.

- Haushaltsglück-Weisheit -

Statt also Pizza zu bestellen und danach auf dem Sofa zu versacken, könnten wir uns, nur mal zu Testzwecken, einen Ruck geben und eine kleine Hausarbeit wagen. Vielleicht entkalken wir mal den Wasserkocher. Wie lange stand das schon auf der Liste – und welch gutes Gefühl, es endlich abzuhaken! Du möchtest direkt mitmachen? Nur zu!

Doch das muss ja nicht alles sein. Wir riskieren einen Blick in den Kühlschrank und beschließen, diesen kurz mal zu säubern. Dabei entdecken wir Karotten, Kartoffeln und sogar ein paar Tomaten, die im Gemüsefach darauf warten, in etwas Leckeres verwandelt zu werden. In nur fünf Minuten haben wir ein wenig Gemüse geschnippelt und ein Süppchen gezaubert. Etwas frische Petersilie dazu (die arme Pflanze kommt kaum zum Einsatz) – schon haben wir mit Parmesan und etwas Brot das leckerste Abendbrot der Welt.

Gestärkt von der Suppe bügeln wir noch schnell ein paar frische Klamotten fürs Büro und kommen beim Bügeln doch glatt auf eine zündende Idee für die anstehende Präsentation im Büro. Gut gelaunt und zur Abwechslung mal rechtzeitig begeben wir uns in Richtung Bett, und selbstredend steht der morgige Tag bereits unter blendenden Vorzeichen.

Ach, noch eine Kleinigkeit: Während der Pizza-Lieferservice eine Stange Geld kostet, ist Haushaltsglück völlig gratis. Auf Dauer werden auch Putzfee und Anti-Stress-Coach überflüssig – denn du hast ja zunehmend alles selbst im Griff. Wer will schließlich nach diesen Erkenntnissen das Privileg noch in fremde Hände geben, sein Bett selbst zu machen oder das Badezimmer zu putzen? Du möchtest darüber erst noch mal kurz nachdenken? Gerne, nimm dir die Zeit.

Frau Holle lässt grüßen

Fassen wir zusammen: Haushaltsglück heißt, wir schaffen spontan ein bisschen Ordnung (Mittel zum Zweck) und damit Erfolgsgefühle (eigentlicher Zweck), wodurch eine positive Kettenreaktion entsteht, die sogar über den Moment hinaus nachwirken kann. Denn was macht derweil das Spiegelprinzip? Genau, es zieht nach. Das Außen spiegelt unseren inneren Stimmungsumschwung, und die Weichen beginnen sich neu zu stellen. Wie ein Magnet ziehen wir weitere Erfolge an, die sich übrigens keineswegs nur aufs häusliche Umfeld beschränken müssen, im Gegenteil: Das können alle möglichen Erfolge sein.

Ausgeschlafen und in frisch gebügelter Kleidung geht dir im Büro am nächsten Tag alles super von der Hand. Die Präsentation läuft fantastisch und du erhältst unverhofft ein neues Projekt, das dir genau in die Karten spielt. Tja, Glück muss man haben – besser gesagt: Haushaltsglück!

Frau Holle nickt zustimmend, denn unter ihrer Führung investierte bereits Goldmarie in eine glänzende Zukunft: Nachdem sie sich mit Hingabe beim Apfelernten, Brotbacken und Bettmachen engagierte, wurde ihr nicht weniger als ein sagenhafter Goldregen zuteil. Dies nur so nebenbei. Man kann ja mal drüber nachdenken.

Kapitel 1

Einfach anfangen

Es gilt im Leben – mit Respekt vor den großen Zielen – auch mal, das kleine Glück beim Schopf zu packen. Wo sich das kleine Glück befindet? In greifbarer Nähe: gleich hier, zu Hause. Geradezu bergeweise Potenzial für Glücksmomente liegt hier herum, türmt sich auf oder schichtet sich übereinander: Man muss bloß ein Auge dafür haben.

Denn wer sich für's kleine Glück nicht interessiert, dem entgeht häufig, wie leicht es zu finden wäre. Die Last ruht derweil auf dem großen Glücksauge, das alle möglichen Verrenkungen ausführt, um in der Ferne endlich mal etwas erkennen zu können. Kommt da was? Ach nein, der biegt woanders ab. Ist es endlich so weit? Nein, schade, das war wohl für Herrn Müller von gegenüber. Selten (das große) Glück, doch keine Zeit für einen Kaffee, weil du ständig Ausschau halten musst? Mal ehrlich, das kann sehr anstrengend sein – und während der Warterei verpasst du jede Menge Gelegenheiten.

Warum also in die Ferne schweifen

... wenn das Gute so nah liegt? Und sammelt nicht derjenige, der ein kleines, greifbares und nahes Glück nach dem anderen genießt, mit der Zeit so viele Glücksmomente, dass sie zusammen ein großes Glück ergeben? Woraus wir schließen: Zuverlässiger als in der Ferne scheint sich selbst das große Glück just in unserer Nähe aufzuhalten – nur ist es anfangs gut getarnt.

Zum Beispiel als verschmutztes Cerankochfeld oder staubiges Bücherboard, damit könnte schon alles seinen Lauf nehmen. Es gilt nur, sich zunächst mal darauf einzulassen. Und dazu braucht es wiederum zwei Dinge: ein wenig Humor – und eine radikale Neuausrichtung deiner schlechten Meinung von Hausarbeit. Gib ihr eine Chance! Sprich nicht mehr schlecht über sie, vor allem nicht in ihrem Beisein. Mach dir klar: Sie hört alles mit, auch Telefongespräche.

Ja, es ist richtig, Hausarbeit ist dieser Tage extrem sensibel, und das hat einen Grund: Sie hat schließlich ein sehr schlechtes Image, was durch jahrzehntelangen Rufmord entstanden ist. Sie braucht dringend Fürsprecher, um sie zu rehabilitieren, denn ansonsten könnte es sein, dass sie frustriert und verbittert wird und es endgültig bleibt.

Und was blüht uns, wenn wir uns in Zukunft mit bitterer Hausarbeit herumschlagen müssen? Läuft vor deinem geistigen Auge auch gerade ein Horrorfilm über verbrannte Topfböden, müffelnde Staubsauger und gammelige Kühlschrankdichtungen? Schimmelige Badfugen, röhrende Küchenabflüsse und ein Laptop-Akku, der keine zwei Stunden mehr hält, was nicht weiter schlimm wäre, wenn du auf dem verschmutzten Monitor wenigstens etwas erkennen könntest?

Verbitterte Hausarbeit
ist keine schöne Sache.

– Haushaltsglück-Weisheit –

Verbitterte Hausarbeit öffnet störenden Wesenheiten Tür und Tor: Bestimmt hast du schon gehört, dass in manchen Haushalten plötzlich Kobolde ihr Unwesen treiben. Da fällt die Haustür zu, und der Schlüssel steckt innen. Das Marmeladenglas liegt auf dem Boden, noch bevor du in den Genuss der köstlich fruchtigen Rum-Mirabelle kamst, die immerhin stolze sieben Euro fünfundneunzig gekostet hat. Die dazu gedachten Brötchen sind beim Aufbacken verbrannt und riechen so komisch, weil das Backpapier nach dem Backfisch von gestern noch nicht gewechselt wurde.

Es soll Haushalte geben, die an einem solchen Chaos zugrunde gegangen sind, denn Hausarbeit ist und bleibt das stille Oberhaupt des Hauses oder der Wohnung. Sie entscheidet, was sich in dem Refugium abspielt, das du fälschlicherweise dein Eigen wähnst, und wir müssen es begreifen: Hausarbeit sitzt einfach am längeren Hebel. Es gibt keinen Tag, an dem du behaupten könntest, sie endgültig besiegt oder erledigt zu haben. Du kannst sie schlecht aus deinem Haus vertreiben, kannst dich weder von ihr trennen noch dich scheiden lassen, und du kannst sie auch nicht elegant wie in *Mord ist ihr Hobby* um die Ecke bringen. Sieh' es ein: Du wirst sie niemals los. Und daher muss dir klar sein: Ist ihr Wohlwollen endgültig verspielt, ist der Alltag kein Spaß mehr – und er wird auch keiner mehr werden.

Bitte jetzt keine Tränen

Du fühlst dich desillusioniert? Aber nicht doch. Es wird dir bereits in ein paar Minuten besser gehen. Erstens naht die wohlverdiente Pause und du darfst schon mal deine Kaffeemaschine anwärmen, und zweitens wirst du die Einsicht, die du gerade als fatal empfindest – nämlich lebenslange Hausarbeit –, gleich als großes Geschenk sehen.

Dazu eine Testfrage: Wünschst du dir nicht auch von einem Freund oder deinem geliebten Haustier, dass sie dich niemals verlassen? Dass sie immer für dich da sind, wenn du sie brauchst? Stell dir nur mal vor, du rufst deinen Kumpel an, doch er geht nie ans Telefon. Frustrierend, nicht wahr? Bei Hausarbeit ist das anders, sie ist schon dran, wenn du noch gar nicht angerufen hast.

Daher haben wir jetzt auch keine Zeit mehr zu verlieren. Es geht schließlich darum, wie wir tagtäglich unsere Stimmung auf höchstes Niveau bringen können, damit sich – nach dem Spiegelprinzip – glänzende Zeiten einstellen können. Das also ist der Dreh- und Angelpunkt: Wir müssen uns irgendwie gut drauf bringen. Wir müssen gute Laune haben, aber eben auch wirklich. Es bringt nichts, wenn wir sie bloß vortäuschen, so wie ein gekünsteltes Grinsen oder die gespielte Freude über das falsche Geschenk. Die gute Laune muss von innen nach außen strahlen, um ein Magnet für Glück und Erfolg zu sein.

Haushaltsglück ist ein magischer Schlüssel, um an echte gute Laune zu kommen. Wir putzen sozusagen mit Zusatznutzen, also um uns in eine Stimmung zu bringen, die weitere Türen öffnet. Denn das Gefühl, etwas geschafft zu haben – und sei es nur, den Schreibtisch aufzuräumen und ein paar hübsche Blumen in die Vase zu geben –, macht Lust auf mehr. Wo zuvor nur Müdigkeit war, Stress oder Unlust, bekommen wir wieder Schwung, setzen uns in Bewegung und lassen uns von der Verheißung auf gute Ergebnisse locken: Steckt noch irgendwo eine Chance auf schnellen Erfolg? Gerade mal eben die gewaschenen Handtücher falten, den Papierkram ordnen oder einen Kochplan für die Woche erstellen? Schnell die Retouren wegbringen und noch Eier holen fahren? Wer frische Eier hat, kann sich ein wunderbares Omelett zubereiten, das wäre ein echter Vorteil. Du siehst: Ein Haushaltsglück führt zum nächsten, und wir werden geradezu von wunderbaren Möglichkeiten überflutet. Wer hat da noch Zeit für düstere Prognosen?

Haushaltsglück ist die Kunst,
aus der Pflicht ein Highlight zu machen.
– Haushaltsglück-Weisheit –

Aber jetzt sollten wir dringend eine Kaffeepause einlegen. Feiern wir unsere neuen Erkenntnisse und stärken wir uns, bevor es weitergeht. Noch ein Tipp: Entsorge den Kaffeesatz nicht in den Müll, sondern nutze ihn als Blumendünger. Du kannst ihn auch zum Wasser in die Gießkanne geben. Die Geranien auf dem Balkon werden sich freuen.

Dein Haushalt ist dein bester Freund

»Mein bester Freund, das ist nicht irgendwer, mein bester Freund ist Robin Hood«, sangen einst die Prinzen, und in den folgenden Strophen waren es Sherlock Holmes und Winnetou. Doch mal ehrlich: »Leider sind die Freunde alle tot«, und was wollen sie da noch ausrichten? Dein Haushalt ist lebendig und sehr präsent – und er hat dir immer etwas zu bieten, sei es der schmutzige Teppich oder die nasse Wäsche, die aufgehängt werden will. Dein Freund ist größer als Sherlock Holmes oder Winnetou, und er fordert dich auf ganzer Linie. Er ist bestens geeignet, im Sinne des Prinzen-Songs »gegen das Unrecht dieser Welt zu kämpfen«, denn du kannst im Kleinen anfangen und ein kleines Stückchen Ordnung in deine eigene Welt bringen. Täte das jeder, wäre unser Planet fein aufgeräumt und das Ungemach um einiges dezimiert.

Denn es liegt in der Natur des Aufräumens, dass dabei so einiges zutage tritt. Plötzlich findest du Dinge, von denen du gar nicht wusstest, dass du sie besitzt. Das wiederum fördert eine nachhaltige Lebensweise, denn gerade wolltest du losgehen und ein zweites Exemplar kaufen – was jetzt überflüssig ist. Beim Aufräumen stellst du derweil fest, dass du eigentlich gar kein Klavier willst, denn erstens wird es viel Arbeit sein, spielen zu lernen, und zweitens ist in der Zweiraumwohnung gerade keine Wand frei. Es sei denn, du entsorgst deinen Kleiderschrank. Und was wohl die übrigen Mieter sagen, wenn du täglich drei Stunden den Türkischen Marsch übst? Kein Klavier. Fünftausend Euro gespart. Ein kleines Tisch-Keyboard tut's für den Anfang. Und dann ist noch was übrig für den neuen Akku-Staubsauger und den hellblauen Dampfreiniger. Oder zumindest für ein Multipack bunte Mikrofaserlappen plus zwei gratis. Gerade die beiden, die gratis sind, machen vielleicht den großen Unterschied: Womöglich entdeckst du mit ihnen zum ersten Mal, wie blitzeblank Armaturen wirklich strahlen können. Oder wie eingeschlafene Edelstahlflächen plötzlich glänzende Zeiten erleben und du dich drin spiegeln kannst. Bei der Spiegelung fällt dir auf, dass du mal wieder zum Friseur solltest, und die Friseurin erzählt dir von traumhaften Ferienhäusern in Dänemark. Warum eigentlich nicht? Ist ja noch Geld vom nicht gekauften Klavier übrig. Dass die Endreinigung des Ferienhauses selbst gemacht werden kann, wodurch du ebenfalls Geld sparst, kommt dir gelegen, denn Putzen ist längst nicht mehr nur deine leichteste Übung, sondern du nutzt sie bereits strategisch.

Durch ein wenig Aufräumen hast du also ein umfängliches Abenteuer samt Dänemarkurlaub erlebt. Nun stell dir bloß vor, du wärest stattdessen mit einer Tüte Chips vor dem Fernseher versackt und hättest bloß anderen dabei zugeschaut, wie sie Abenteuer erleben!

Ach ja, und die Sache mit dem Klavier ist natürlich mit einem Augenzwinkern zu verstehen. Selbstredend ist ein Klavier eine schöne Sache. Aber gesünder, als einfach eines zu kaufen, ist es, vorher auch zu wissen, worauf man sich damit einlässt.

Ein ernstes Wort zu Putzplanung und Effizienz

Ja, du liest richtig: Effizienz muss unbedingt sein, und bestimmt ist sie kein Fremdwort für dich. Schließlich werden wir von Kindesbeinen an auf Effizienz getrimmt. »Bummel doch nicht so!« Oder: »Kannst du nicht noch schnell …?« Und dann in der Schule: »Bitte die Aufgaben 8a bis 39c in zwanzig Minuten erledigen.« »Bitte exakt auf die Grammatik achten!« (Selbst wenn der Inhalt Unsinn ist.) Doch was soll's? Wenn später auch der Vorgesetzte Effizienz will und überhaupt unser ganzer Wert als Mensch an unserer Effizienz gemessen wird, dann kommen wir an ihr einfach nicht vorbei. Auch hier nicht.

Was wir erreichen wollen, ist höchste Effizienz in Stimmungssteigerung, Motivation und Wohlgefühl. Und höchste Effizienz im Genuss von Belohnungen und Heißgetränken. Der Maßstab für jegliche Haushaltshandlung, die im Folgenden stattfindet, ist damit also festgelegt. Oder sind noch Fragen offen?

Wenn du bis hierher aufmerksam gelesen hast, dann bist du ja bereits hinter ein sehr wichtiges Grundgesetz von Haushaltsglück oder Putzen mit Zusatznutzen gekommen. Man könnte es auch »Putzen mit echtem Nutzen« nennen, denn über den Zwischenschritt Ordnung und Sauberkeit wird ja das Endziel »gute Stimmung« erreicht. Wir erinnern uns:

Bei haushaltsglücklichem Putzen sind Ordnung und Sauberkeit nur ein Zwischenschritt.

– Haushaltsglücklicher Merksatz –

Tatsache ist, dass Putzen mit echtem Nutzen keinesfalls immer funktioniert. Du bekommst den Effekt nicht automatisch, sondern eben nur, wenn du im Sinne der Sache höchst effizient vorgehst. Also ohne strengen Plan, ohne Zwang und ohne Zeitdruck. Hast du es verinnerlicht? Vorsichtshalber sei es noch mal wiederholt: Haushaltsglück funktioniert nur ohne strengen Plan, ohne Zwang und ohne Zeitdruck. Es will sich schließlich frei fühlen. Maximal ist ein lockeres Anpeilen erlaubt, nach dem Motto »Gleich hätte ich etwas Zeit ...«, aber nicht mehr.

Es kann zwar mal sein, dass du dringend innerhalb von zwei Stunden den kompletten Haushalt auf Hochglanz bringen musst, aber das ist kein Fall für dieses Buch. Das wäre dann Akkordarbeit, die hoffentlich entweder gut bezahlt wird oder einem anderen gewinnbringenden Zweck dient, dem hier nicht weiter nachgegangen werden soll. Manchmal muss man einfach des Putzens wegen putzen, das soll hier nicht unter den Teppich gekehrt werden – nur ist es eben für unsere Zwecke nicht relevant. Vor allem kann es im Allgemeinen sogar weitestgehend vermieden werden – wenn man erst mal Profi im Haushaltsglücksektor ist. Denn dann bringen wir jeglicher Hausarbeit eine ganz neue Einstellung entgegen. Wir heißen sie mit offenen Armen willkommen, wenn sie sich anbietet, anstatt ihr zeitliche Pflichträume zuzuweisen, die wir nach dem Motto »Augen zu und durch« mit Mühe überleben.

Ein Beispiel: Freitagnachmittag 14 Uhr – Wohnzimmerfenster putzen. Du handelst strikt nach Vorgabe und gönnst dir auch nicht das kleinste bisschen Verspätung. In zehn Minuten könnte das Fenster blitzeblank glänzen, doch es gibt ein Problem: Du hast schon die Nase voll, bevor du überhaupt die speziellen Fensterputztücher gefunden hast, die du neulich auf dem Worpsweder Wochenmarkt zum Sonderpreis bekommen hast. Der Glasreiniger ist sowieso leer und verflixt, warum hast ausgerechnet du keine Putzfee, sondern musst alles alleine machen? Freundin Ida schwärmte am Telefon vom Wellness-Wochenende im Kurhotel und legt jetzt vermutlich die Beine hoch, in der Hand den Begrüßungssmoothie, der aufs Haus geht. Klar, ihre 250 Quadratmeter kann sie, wie sie eingesehen hat, ja auch schlecht alleine bewältigen, vor allem, da allein schon die Garage voller Autos steht und die teuren Gardinen nur trockengereinigt werden können. Wer kann es ihr verübeln? Doch halt! Bevor du dir Idas Leben in den buntesten Farben ausmalst, komm mal auf den Boden der Tatsachen zurück: Verpasst die Dame nicht das Beste, weil sie sich das Putzen versagt? Und wer weiß, ob sie den Begrüßungssmoothie mit ihrer Fruktoseintoleranz überhaupt verträgt. Da waren nämlich hauptsächlich Apfel und Pflaume drin. Falls nicht, wollen wir uns die Folgen besser nicht ausmalen und stattdessen noch mal zur Putzplanung kommen.

Regel Nummer eins ist, wie gesagt, dass es keine gibt, sondern das Konzept ist ein impulsives, spontanes Putzen, das mehrfachen Nutzen erbringt und niemals zur lästigen Pflicht wird. Wiederholen wir also das Szenario mit einem gekonnten »Re-Framing«, wie es in der Coaching-Fachsprache heißt: Wir geben der Situation einen

»besseren Rahmen«. Du liegst also Freitag um 14 Uhr genüsslich auf deinem Sofa, freust dich aufs Wochenende und schlürfst einen Smoothie. Da er hauptsächlich aus Beerenfrüchten, Gurke und Bananen besteht, sinkt die Fruktosegefahr auf ein Minimum, außerdem weißt du, dass die Früchte alle frisch und bio sind, was dein Wohlbefinden zusätzlich steigert. Tendenziell bist du also bereits in einer sehr günstigen Ausgangsposition. Da liegt es nahe, dass du dir überlegst, wie du dir auf die Schnelle einen weiteren Stimmungskick verschaffen könntest. Wow – das ist die Idee: Schnell mal die Wohnzimmerfenster putzen und sich danach daran freuen. Gesagt – getan. Fast von selbst fällt dir der grüne Fensterlappen in die Hände, den du einst in Worpswede ... ach, was für ein schöner Tag das war. Die Sonne schien – und mit dieser Sonne im Herzen bist du schnell am Werk. Ganz entspannt, vielleicht ein Liedchen auf den Lippen. Es gibt nichts, was gerade stört, es gibt nur die Fenster und dich. Kaum ist es vollbracht, kommt sogar ein schüchterner Sonnenstrahl vorbei. Schon liegst du wieder genüsslich auf dem Sofa und freust dich, dass du ganz ungeplant die Wohnzimmerfenster geputzt hast. Da ruft Ida an und klagt dir ihr Leid – du ahnst es schon –, und jetzt hat sie sich mit dem Hotelpersonal angelegt und will schon wieder abreisen. Dich kann dagegen gerade gar nichts aus der Ruhe bringen, denn es geht dir richtig gut. Die bessere Lösung liegt eben immer zu Hause.

Zuletzt vielleicht noch mal ein Wort zum Kriterium »ohne Zwang«. Es ist wohl noch niemand vom Himmel gefallen, der sich geradezu gierig darauf stürzen würde, einen Putzlappen in die Hand zu nehmen. Das ist kein Geheimnis, und dieser Tatsache sind wir uns durchaus bewusst. Wenn also von ohne »Zwang« oder »freiwillig« die Rede ist, schließt das nicht aus, dass wir uns einen Moment mit unserem inneren Schweinehund auseinandersetzen müssen. Möglicherweise bellt er kurz, oder er bedeutet uns mit verführerischem Blick, das Unterfangen auf morgen zu verschieben. Alles Gute wird eben gut bewacht, das muss uns klar sein. Hier dürfen wir uns nicht täuschen lassen, diese kleine Anfangshürde gilt es zu überwinden.

Denn mal ehrlich – du liegst auf dem Sofa und alles ist gut: Warum solltest du ausgerechnet jetzt die Fenster putzen? Und das ist der Trick: Du überwindest dich, weil du weißt, dass du dein Sofaliegevergnügen damit noch versüßen kannst. Mit einer besseren Aussicht durch saubere Scheiben und der genüsslichen Gewissheit, dass du den mühsamen Putzplan von morgen schon heute quasi im Vorbeigehen bewältigt hast.

Du sollst dich nicht über deinen Haushalt ärgern, sondern dich an ihm berauschen.

– Haushaltsglück-Weisheit –

Der Trick: Niemals zu viel vornehmen

Das Geheimnis des Glücksputzens, wie man es auch nennen könnte, liegt darin, die Reinemachübung achtsam und mit Hingabe auszuführen, daher sollte der Rahmen unbedingt überschaubar sein: Ein klar definiertes Projekt mit absehbarem Ende stellt dir unmittelbare Erfolgsgefühle in Aussicht. Sagen wir, du willst zwei Spiegel polieren oder die Spüle sauber machen. Oder die Wäsche zusammenlegen oder einen Tisch putzen. Die Betonung liegt auf oder. Eventuell auch eine Suppe kochen. Diese Projekte sind, ebenso wie die Wohnzimmerfenster, überschaubar. Lass dich ganz und gar auf sie ein, und gönne dir bei der Ausführung dein persönliches Wohlfühltempo. Alles, was du auf diese Weise machst, kann im Grunde nur gut werden und Gutes bringen, was bedeutet: Du befindest dich auf stark erfolgversprechendem Terrain.

Du liegst müde auf dem Sofa und kannst die Augen trotz zwei Tassen Kaffee kaum offen halten? Dann gönn dir ruhig ein Nachmittagsschläfchen! Stell nur vorher kurz noch eine Waschmaschine an – dann wartet die saubere Wäsche schon auf dich, wenn du aufwachst, und die Arbeit hat sich quasi im Schlaf erledigt.

Doch auch im Wachzustand ist Haushaltsglück stets Wellness für die Seele. Der Trick ist, dass wir uns niemals zu viel vornehmen. Denn sonst müssten wir uns schon wieder fürchterlich zwingen, und das verschlechtert die Voraussetzungen für die anvisierten Glücksgefühle. Fünf Minuten für fünf sinnvolle Handgriffe – dagegen kann selbst der Schweinehund wenig einwenden, und schon ist Blut geleckt. Dann ist die Leidenschaft entflammt, und statt dem kleinen Finger wollen wir gleich die ganze Hand! Nur fünf sinnvolle Handgriffe? Längst sind wir dafür zu begeistern, auch zehn zu tun! Jetzt sind wir da, wo wir uns haben wollen: in der mentalen Erfolgszone. Das ist Putzen mit echtem Nutzen.

Weniger ist mehr!

– Haushaltsglück-Weisheit –

Kleine Putzeinheiten laufen kaum Gefahr, als lästige Pflicht degradiert zu werden. Es ist wie mit dem Süßigkeitenschrank, den das Kind so gern plündern will, der aber aufmerksam überwacht wird. Nur in kleinen Dosen gibt er seine Kostbarkeiten preis, und das macht ihn zum Objekt der Begierde.

Hausarbeitsfreie Zeiten müssen daher unbedingt eingehalten werden. Also täglich mindestens 23,5 Stunden. Denn was wäre, wenn wir uns bis zum letzten Winkel unseres Hauses durcharbeiten – und nichts mehr übrig bleibt, wenn eine Notlage entsteht. Mit Notlagen und Erste-Hilfe-Maßnahmen beschäftigen wir uns in Kapitel fünf noch genauer, nur so viel sei gesagt: Wenn wir uns jetzt schon in die Arbeit, pardon, ins Vergnügen stürzen wie verrückt, dann haben wir bis Kapitel fünf nichts mehr übrig. Dann bleiben wir auf unseren Notlagen sitzen, weil uns nichts mehr zum Bügeln, Waschen oder Putzen für den Therapie- oder Erste-Hilfe-Nutzen bleibt. Daher ist es wie mit dem Sparschwein: Ein wenig sollte immer noch drin sein. Falls du also wieder einmal gefährlich nah an den Null-Putz-Punkt kommst (also der Punkt, an dem es schlichtweg überhaupt gar nichts mehr zu tun gibt), zügele deine Gier. Übe dich im Loslassen (zum Thema »Loslassen« kommen wir übrigens in Kapitel drei). Streck die Hand aus und lass den Putzschwamm fallen. Du kannst es! Es ist viel verlangt, doch in dem Moment, in dem du dich durchgerungen hast, wirst du dich besser fühlen. Es ist wie mit dem Marzipanschwein – iss' nicht alles auf einmal, dann kannst du dich auch morgen noch darüber freuen.

Wenn du dich trotzdem schlecht im Zaum halten kannst, versuche Folgendes: Lege Putztätigkeiten unmittelbar vor ein terminiertes Ereignis, dann bist du zum Aufhören gezwungen. Angenommen, Tante Hilde kommt in einer Viertelstunde zum Tee: Dies ist der perfekte Zeitpunkt, um die Grundreinigung des Gästebads in Angriff zu nehmen, ohne Gefahr zu laufen, dass es zeitlich zu sehr ausartet. Oder Freundin Ida will um 14 Uhr anrufen und vom Kurhotel erzählen. Um dich zu erden, poliere etwa zehn Minuten vorher die Küchenspüle und räum den Geschirrspüler aus. Zünde eine Duftkerze an, stell Blumen auf und bereite dir einen Milchkaffee zu. So bist du am Telefon guter Dinge und hast Kraft genug, um die

Freundin mental zu unterstützen, anstatt sie anzubrüllen, dass sie ihre Luxusprobleme für sich behalten und endlich mal wieder auf den Boden der Realität kommen soll. Und alles nur, weil du heute noch keinen Kaffee hattest.

Haushaltsglückliche Tätigkeiten sind immer mit einer Belohnung im Blick durchzuführen. Ein Milchkaffee oder ein Nickerchen auf dem Sofa, ein Plausch am Telefon oder die Aussicht auf Shoppen. Im Ausnahmefall kann die Belohnung zwar auch in der Verlängerung der Putzzeit bestehen, aber eben bitte nicht als Dauerlösung!

Das perfekte Timing

Werden diese Regeln beherzigt, dann wird der Alltag dir bald weniger mühsam erscheinen. Denn was wir normalerweise auf einen Putzplan geschrieben und streng nach Plan heruntergeputzt hätten, ist schon mühelos erledigt, bevor es überhaupt anfangen kann, sich zu unguten Pflichtbergen aufzutürmen. Stattdessen taumeln wir in Glückseligkeit von einer Belohnung zur nächsten – und wie durch Zauberhand bringen sich unsere vier Wände quasi von selbst auf Hochglanz. Der innere Schweinehund hat gar keine Lust mehr, uns vom Putzen abzuhalten, weil es ihm selbst solchen Spaß macht. Also meistens. Alles steht und fällt mit der freudigen, erwartungsvollen Wahl des richtigen Moments.

Es wurde bereits erwähnt: Putze nicht, wenn du weder Anlass noch Motivation hast. Viel besser ist, du wartest den Moment ab, wo reaktiv geputzt werden muss. Das Kind lässt die Flasche mit dem Apfelsaft, statt sie zu öffnen, auf den Boden fallen. Gut, so ist sie auch auf. Leider muss jetzt eine größere Putzaktion folgen, und es sei durchaus eingeräumt, dass die erste Reaktion darauf Unlust sein kann. Diesen kritischen Moment gilt es nun pfiffig zu überwinden, beispielsweise mit einer motivierenden Argumentation: Gut, dass ich den Boden nicht schon gestern gewischt habe! Schon gar nicht sollte man den Boden übrigens wischen, wenn man weiß, dass Gäste kommen, sondern immer danach. Oder währenddessen.

Ein ähnliches Beispiel ist der Fall von letztem Sonntag, als beim Abräumen des Tisches der frisch gebackene Aprikosen-Streuselkuchen von der Tortenplatte rutschte. Zum Glück warst du die Einzige, die schon ein Stück davon hatte – der Rest der Familie macht anscheinend gerade Diät. Nun hätte man kühn davon träumen können, den Kuchen einzufrieren und auf diese Art bestens auf den nächsten spontanen Besuch vorbereitet zu sein. Oder man hätte den Nachbarn ein Stück rüberbringen können. Man hätte dekorative Fotos für Social Media machen oder sich insgeheim noch ein zweites Kuchenstück gönnen können, diesmal mit frischem Schlagrahm. Den Möglichkeiten waren keine Grenzen gesetzt – bis zu dem Moment, als der Kuchen zu Boden ging.

Während du nun zum schnellen Handeln gezwungen bist (der Hund pirscht sich schon an die Unfallstelle heran), kannst du dich zumindest freuen, dass sich jegliche Arbeit, die noch mit dem frischen Streuselkuchen auf dich zugekommen wäre, auf einen Schlag erledigt hat. Und das Stück Kuchen mit Sahne am Nachmittag entfällt nun auch, weshalb du hinterher keinen Extrateller abwaschen musst. Oder doch? Vielleicht könnte man das Stückchen, das ganz obenauf liegt, noch essen? Und die Streusel, die den Boden noch nicht berührt haben? Womöglich schmeckt ein geretteter Bruchstückkuchen am Ende genauso wie ein Kuchen, der nie runtergefallen ist. Eine Überlegung, die man sicherlich ins Philosophische führen könnte.

Ein ähnlicher Fall ist das ereignisgesteuerte Putzen: Gäste kommen, also muss wenigstens das Wohnzimmer sauber sein. Auch hier erfolgt das Reinemachen zwar nicht unbedingt freiwillig, jedoch motiviert der aktuelle Anlass. Umgekehrt heißt das: Keine Gäste kommen, also kannst du die Putzaktion getrost verschieben, denn wen interessiert's? Wenn es dir egal ist und du gerade nicht putzinspiriert bist, dann lass es um Himmels willen sein. Greif nicht in den großen Plan ein, weil du glaubst, pflichtbewusst und fleißig sein zu müssen. Denn dann putzt du vielleicht am Montag, doch gleich dienstags geht der Kuchen zu Boden – und alles war für die Katz.

Vertraue auf die höheren Mächte. Wenn der liebe Gott dich putzen sehen will, dann schickt er dir entweder ein Missgeschick, das sofortiges Handeln nötig macht – oder ein Inspirationsgefühl, das angeflogen kommt und dich lockt. Beides tritt zum jeweils perfekten Zeitpunkt ein, auch wenn es dir vielleicht nicht so vorkommt. Beobachte mal: Irgendwann ist die Sehnsucht nach frischen Klamotten oder Handtüchern so groß, dass du den Waschtag geradezu herbeisehnst. Oder du saugst freiwillig, damit du endlich mal wieder barfuß in die Küche gehen kannst. Oder der Kuchen geht zufällig in dem Moment zu Boden, in dem du zu Hilde ans Telefon gerufen wirst, was dir gar nicht recht ist. Lieber Aprikosenstreusel zu deinen Füßen als die Ziege am Apparat – und schon ist der kritische Moment abgewendet.

Inspiration setzt einen Impuls, der unser Dasein aus der Misere führt. Oder zumindest führen könnte. Und das ist der Schlüssel zu Haushaltsglück. Es stellt sich ein, wenn die höheren Sphären es uns ermöglichen, denn Putzen mit magischem Nutzen kann nicht erzwungen werden.

Mit dem richtigen Timing hast du die Wohnzimmerfenster im Handumdrehen sauber, und es hat auch noch Spaß gemacht.

War das Timing falsch, dann kommen die Sonnenstrahlen zu früh und blenden. Das Telefon klingelt, das Spaghettiwasser kocht über – und im Grunde wolltest du doch bloß auf dem Sofa chillen!

In der Schlussszene des Films *Mary Poppins' Rückkehr* verkauft die Ballonfrau magische Luftballons, die ihre Besitzer in die Lüfte steigen lassen – sofern sie den richtigen Ballon ausgewählt haben. Ein höchst philosophischer Moment, denn bei einem der Käufer weigert sich der Ballon schlichtweg, in die Höhe zu steigen.

Nicht alles im Leben können wir also erzwingen. Nicht alles haben wir selbst in der Hand. Und selbst wenn wir uns festen Griffes am Dampfreiniger festhalten und Haushaltsglück erzwingen wollen – dann dampft er doch bloß, wenn er will. Und wenn er nicht will, ist er verstopft.

Haushaltsglück ist uns von oben gegeben. Es ist ein Geschenk, das erstens entdeckt und zweitens als solches behandelt werden will: Wenn du die Effizienzregeln beachtest und das Timing perfekt ist, spürst du geradezu eine energetische Erhöhung, weil das Universum dich unterstützt. Alle Umstände greifen magisch ineinander: Die Sonne kommt erst raus, als die Fenster fertig geputzt sind, der DHL-Mann klingelt just, als du die Retoure fertig gepackt hast, und nimmt sie mit. Der Tischler ruft endlich mal zurück und der Friseurtermin, den du sowieso nicht mehr geschafft hättest, wird von der Friseurin selber abgesagt. Bei alledem ist tatsächlich auch noch jemand vor dir auf die Idee gekommen, den Kühlschrank mit frischer Milch aufzufüllen, was dir in deiner Kaffeepause sehr gelegen kommt. Es ist fast zu schön, um wahr zu sein.

Haushaltsglück kann nicht erzwungen werden:
Es stellt sich ein, wenn die höheren Sphären
es uns ermöglichen.

– Haushaltsglück-Weisheit –

GFP – Gewaltfreies Putzen

Vielleicht hast du schon von »GFK«, der »Gewaltfreien Kommunikation« gehört. Sie lehrt uns, unser Gegenüber im Gespräch respektvoll und wertschätzend zu behandeln. Ausreichend Geduld aufzubringen, sensibel für die Bedürfnisse des anderen zu sein und ihn, drücken wir es sinngemäß aus, nicht immer gleich runterzumachen und anzuschreien. Möglichst sollte man auch nicht mit Fäusten auf das Gegenüber eindreschen oder es mit Füßen treten. Und man sollte das Gegenüber nicht immer gleich für einen Versager halten.

Übertragen auf den Haushalt haben wir es mit GFP, also mit Gewaltfreiem Putzen zu tun. Frag dich doch mal, wie dein Backofen sich fühlt, so verkrustet und verschmutzt, wie er aussieht. Wie kommt er denn tagtäglich mit seinem Dasein zu Rande? Ständig muss er sich aufheizen, obwohl ihm vielleicht auch mal nach Coolsein zumute wäre. Er müffelt nach Fischstäbchen, gebratenem Huhn und Teigtaschen, aber in den Genuss von alledem kommt er nie, weil es ihm just im leckersten Moment entnommen wird. Er wird nie gelobt, doch heizt er sich mal nicht schnell genug auf und die Pizza ist in der Mitte noch kalt, gibt's gleich Ärger. Nimm daher eine neue Perspektive ein: Wie kannst du deinen Backofen unterstützen, ihn motivieren und aufmuntern?

Untersuchungen haben gezeigt, dass Backöfen gewaltfrei behandelt werden möchten. Dieser Forderung haben sich andere Haushaltsgegenstände angeschlossen. Sie möchten vorsichtig verwendet, mit Bedacht gewartet und keinesfalls ungeduldig oder achtlos durch die Gegend geschleudert werden. Sie möchten sich in ihrer Leistung gewürdigt sehen, und sie wünschen sich mehr Empathie von ihrem Besitzer. Wenn sie sich in einem Haushalt wohlfühlen, bleiben sie gern so lang wie möglich und leisten nach Kräften beste Dienste. Zeigen sie dagegen bereits in der Garantiezeit einen Defekt, fragt der Hersteller gern mal prüfend nach, ob man das Gerät denn auch gut behandelt hat. Nur kann es dann eben schon zu spät sein.

Ein Gerät, um das du dich gut kümmerst, wird es dir durch hervorragende Leistungen danken. Nehmen wir als Beispiel den Akku-Staubsauger: Wird er nicht regelmäßig entleert oder unsachgemäß benutzt, zeigt er gern »E4« an: »Fehler wegen zu intensiven Einsatzes.« »E4« erscheint auch, wenn der Filter nicht gesäubert wurde oder sich Haare in der Lüftung verklemmt haben. Tatsache ist: Bei »E4« steht alles still. Es geht gar nichts mehr. Der Staubsauger ist im Streik, und wir müssen begreifen, dass wir ihn brauchen. Dass wir ihn zu lange als zu selbstverständlich betrachtet haben. »E4« ist die Aufforderung nachzudenken, wann wir das letzte Mal fürsorglich und geduldig mit ihm umgegangen sind. »E4« ist das Einzige, was er sagen kann, und blinkt es auf dem Display, setzt er seine letzte Waffe ein.

»E4« ist stets ernst zu nehmen.

– Haushaltsglück-Weisheit –

Nun gibt es andere Haushaltshelfer ohne das Privileg eines Displays. Sie sind uns geradezu hilflos ausgeliefert. Sie sind erst recht darauf angewiesen, dass wir moralisch korrekt im Sinne des GFP handeln und das notwendige Einfühlungsvermögen für sie aufbringen. Oder hast du schon mal einen Staubwedel »E4!!!« brüllen hören? Den Mikrofaserlappen in zartem Rosé? Nein. Na eben. Nach den Statuten des GFP gehört es sich, Haushaltshelfer aller Art mit Respekt zu behandeln. Sie nur auszutauschen, wenn es unbedingt nötig ist, ansonsten gilt es, ihr bestmögliches Wohlbefinden herzustellen. Wer firm ist mit GFP, tut dies ganz selbstverständlich, denn er weiß um den großen Aufwand, wenn wieder ein neues Gerät angeschafft und die Gebrauchsanleitung dazu verstanden werden muss. Ganz zu schweigen von der Ungewissheit, ob das Gerät sich jemals heimisch fühlen wird. *Never change a running system.* Das gilt ganz besonders fürs Haushaltsglück. Als GFP-Profi kennen wir unsere Pappenheimer – und wir lieben sie. Nur im äußersten Fall nehmen wir die emotionale Anstrengung auf uns, uns von einem Schützling zu trennen und einen neuen anzulernen, von dem wir nicht mal wissen, aus welcher Kinderstube er kommt.

Das Controlling: Woran du Haushaltsglück-Erfolge erkennst

Unser Zuhause spiegelt uns, spiegelt, wer wir sind und wie wir uns fühlen. Und sofern wir es uns nicht mit der Hausarbeit generell oder mit einzelnen Geräten verscherzt haben, können wir uns zu Hause geborgen fühlen, vielleicht sogar ab und zu mal ungestört, und wir haben nichts zu befürchten. Es soll sogar Haushaltsgegenstände geben, die ihre Besitzer so sehr lieben, dass sie sie beschützen wollen. Ruft zum Beispiel Hilde an, dann meldet sich der Anrufbeantworter freiwillig, obwohl du doch eigentlich zu Hause bist. Er spürt einfach, dass du ihn jetzt brauchst. Drückst du auf die Espressotaste, kommen gleich drei Portionen raus, weil die Maschine es so gut mit dir meint. Möchtest du den Staubsauger ausstellen, wehrt sich der Schalter, weil das Gerät gerne weitersaugen möchte, und der Putzeimer ergießt sich gleich freiwillig auf den Boden, um sicherzugehen, dass die Reinheit auch den letzten Winkel erreicht. Kurzum: Du bist von eifrigen Helfern und liebevollen Unterstützern umgeben.

Also Hand aufs Herz: Spätestens in diesem Stadium müssten sich deine letzten Berührungsängste mit Hausarbeit verlieren. Und wenn das so ist, dann bist du auf dem sicheren Weg ins Haushaltsglück.

Denn hier sehen wir Hausarbeit schließlich nicht als lästiges, sich endlos wiederholendes Brimborium, das uns den Tag verdirbt – nein: Wir erkennen und würdigen sie als unsere neue Erfolgsstrategie. Eine Strategie, die glücklicherweise nicht nur aus zwei oder drei, sondern geradezu unerschöpflich vielen Einzelmaßnahmen besteht, die sich alle Haushaltstätigkeiten nennen dürfen. Welche Vielfalt hier für eine wohlverdiente, erfrischende Abwechslung sorgt! Steht heute noch das Arbeiten mit schmutziger Wäsche an, so darf es morgen das Aufräumen des Schreibtisches oder die Erledigung der Steuererklärung sein. Übermorgen darf vielleicht der Klempner angerufen werden wegen des verstopften Klos und tags drauf wirst du zum Kämpfer für Licht in der Dunkelheit, weil im Gästezimmer die Jalousie gerissen ist. Es werden so viele Fertigkeiten und Talente abgefragt, so viel Kreativität und kombinatorisches Vermögen. Die Fähigkeit, jederzeit vorausschauend und zugleich um die Ecke zu denken, um das Optimale zu erreichen und dabei möglichst auf Nachhaltigkeit zu achten. Der gelbe Sack möchte rausgetragen werden – und ganz besonders treu ist wirklich der Geschirrspüler, der täglich sogar mehrmals um Zuwendung bittet. Die Maßnahmen gehen nicht aus, und das ist der Erfolgsgarant einer Strategie. Es gibt tausend Wege zum Ziel, und das Ziel ist immer nur das eine: uns in absolute Erfolgsstimmung, in Siegeslaune, in Verzückung und Zufriedenheit zu versetzen.

Nun gehört zu jeder Strategie auch das Controlling: Es wird gemessen, ob der erwartete Erfolg sich auch wirklich einstellt. Ansonsten müsste man die Strategie nämlich ändern. Es wäre schließlich sinnlos, mit ihr fortzufahren. Also nehmen wir mal ganz genau unter die Lupe, wie dein Stimmungsbarometer sich heute bewegt. Wie war dein Tag bisher? Wie fing es heute an? Ach genau, du hast die Berge von Pappe, die mit den neuen Holzmöbeln für die Terrasse kamen, heute früh gleich um sieben Uhr für die Müllabfuhr bereitgelegt. Immerhin passt die große Pappe nicht in eine Tonne – da kann man ja wohl davon ausgehen, dass die Kreisabfallentsorgung sie dennoch dankend mitnimmt und sich über so große Mengen recycelbarer Biomasse freut, oder?

Ein Blick aus dem Fenster gegen neun bei stark ostfriesischen Wetterverhältnissen zeichnet ein chaotisches Bild: Der ganze Pappeberg ist wild auf der Straße verteilt, vermutlich zur Freude der Nachbarn, und tanzt den Sturmtanz, so dass du, obwohl das warme Frühstück gerade frisch auf dem Tisch steht, besorgt nach draußen hastest und versuchst, der Pappe wieder Herr zu werden: Alles wieder auf einen Stapel, diesmal gut festklemmen – so scheint die Lage gesichert.

Ein Brötchen und ein noch lauwarmer Kaffee dürfen als erste Stärkung sein, bevor ein weiterer, diesmal zaghafter Fensterblick erneut eine Krise einleitet: Die Müllabfuhr hat die Pappe liegen lassen, woraufhin die Party wieder ihren Lauf nahm. Mittlerweile schüttet es wie aus Kübeln, während Windstärke 9 die komplette Deko aus Vorgarten und Eingangsbereich bodengleich gemacht hat. Dennoch stiefelst du tapfer nach draußen und sammelst die riesigen Pappmassen wieder ein, die nicht wunschgemäß entsorgt wurden. Warum bloß? Zu deiner Überraschung klebt ein orangener Zettel auf der Rückseite einer Pappe. Eine persönliche Nachricht – wie nett! Zu lesen ist, präzise auf den Punkt gebracht: »Lieber Bürger, dieser Gegenstand ist zu groß und kann nicht mitgenommen werden. Bitte lassen Sie sich von der Kreisabfallberatung beraten.«

Zugegeben, den Start in den Tag hättest du dir anders vorgestellt. Die Stimmung ist gedrückt. Doch jetzt kommt unsere Haushaltsglücksstrategie zum Einsatz: Du überlegst kurz, was du jetzt brauchst, um dich besser zu fühlen. Genau: ein Erfolgserlebnis. Ein Hinweis, dass dein Aufstehen heute morgen nicht ganz umsonst war. Ist es nicht so? Dass du endlich auch mal was richtig machst. Dass auch dir mal ein Geheimtipp unterkommt, du einen Glückslauf hast und oben auf der Welle schwimmst. Worauf wartest du?

Geheimtipps haben es an sich, dass sie selten mit Pauken und Trompeten um die Ecke kommen. Sie können völlig unscheinbar sein und wollen erkannt werden – dann gibt's auch die Belohnung. Der Geheimtipp, der uns hier hilft, ist: Die Lösung liegt immer zu Hause. Also rasch eine Waschmaschine angestellt, obwohl erst morgen Waschtag ist. Die Maschine läuft, und du fühlst dich bereits besser. Immerhin schon was geschafft. Apropos geschafft, hast du schon dein Bett gemacht? Du erinnerst dich an den Admiral aus dem Vorwort? Das hat er ja nun nicht zum Spaß gesagt. Und es geht ja auch nicht ums Bett, es geht um dich. Darum, dass du dir gerade so glänzende Umstände schaffst, dass die miese Laune sich einfach nicht mehr wohlfühlt und sich verzieht. Also lass uns weiter überlegen: Kannst du vielleicht gerade noch zwei wichtige

Telefonate erledigen oder die letzten Unterlagen zur Steuerberaterin schicken? Dann wäre wieder etwas geschafft.

Aber ach – da ist ja immer noch die Pappe. Mittlerweile ist sie so durchnässt vom Regen, dass sie sich – das gibt es ja nicht – wie Butter zerreißen und zerkleinern lässt. Dass die Dinge so einfach sein können! Was für ein genialer Trick, schwere Pappe einfach einweichen zu lassen. Im Handumdrehen hast du die Pappe in handliche Stapel zerkleinert, die mühelos in die Papiertonne passen.

Alle Probleme gelöst und alle Herausforderungen bewältigt – jetzt die große Testfrage: Wie fühlst du dich? Würdest du die Tatsache bejahen, dass ein paar simple Handgriffe, die du fast mühelos erledigt hast, deine Stimmung merklich gesteigert haben? Gibst du zu, dass du insgeheim sogar nach weiteren schnellen Erfolgsmomenten Ausschau hältst?

Kannst du in Worte fassen, wie das Zerreißen der Pappe deine Gefühlswelt zum Positiven hin verändert hat? Genau, es ist magisch. Und so gratis. Ein Geheimtipp ohne viel Brimborium – dafür verlässlich und jederzeit wiederholbar.

Geheimtipps kommen nicht als goldene Prinzen
um die Ecke – sondern schleichen sich
oft ganz unauffällig heran.

– Haushaltsglück-Weisheit –

Haushaltsglückliche Erfolge zeigen sich nicht nur auf einer Ebene, sondern multidimensional. Und sie wirken nicht nur sofort, sondern (teils sogar lange) über den Moment hinaus, in dem wir tatsächlich geputzt haben. Was bedeutet multidimensional? Sagen wir, du hast die Küche richtig schön sauber geputzt. Die Arbeitsplatten glänzen, der Boden ist dampfgereinigt, die Fronten sind wie neu. Das ist die erste Erfolgsebene: Ein merklicher Reinemacherfolg. Daraus folgt die zweite Erfolgsebene: Der Putzerfolg beeinflusst dein Befinden auf positive Weise: Du fühlst dich wie im Ferienhaus neulich an der Ostsee, als dir beim ersten Betreten sofort die saubere und gemütliche Küche auffiel. Fast augenblicklich entspannst du dich und atmest in Gedanken die Meeresbrise ein – wie herrlich! Ein Strandspaziergang macht hungrig und spontan bekommst du Lust, etwas richtig Schönes für die Familie zu kochen. Beim Essen am Tisch kommt das Thema plötzlich darauf, dass ein größerer Tisch nicht schaden könnte. Gesagt, getan, so wird am selben Tag noch gegoogelt, verglichen und ein schöner großer Holztisch bestellt. Doch halten wir schnell fest: Auf den Stimmungskick folgt als dritte Erfolgsebene die Motivation, aktiv zu werden (das Kochen), was wiederum einen schönen Familiennachmittag zur Folge hatte – und die Bestellung eines neuen Tisches.

Als der neue Tisch sich in der Küche zu Hause fühlt, wirst du nun, sozusagen vom Universum, noch von einem Bonuseffekt überrascht: Du freust dich morgens plötzlich aufs Arbeiten. Denn statt dich im Arbeitszimmer an den Schreibtisch zu quälen, schnappst du dir deinen Laptop und platzierst dich in der Küche am neuen Tisch – direkt neben der Kaffeemaschine, mit super Blick aus dem Fenster und bei Fußbodenheizung. Ein echter Prime-Platz! Hier arbeitest du doppelt so schnell wie sonst, die Ideen sprudeln nur so aus dir heraus! Und alles nur, weil du neulich die Einladung vom grasgrünen Mikrofaserlappen als Eintrittskarte ins Haushaltsglück genutzt hast.

Diesen unerwarteten Nebeneffekt können wir als universelle Erhöhungsebene bezeichnen – und wir kommen immer wieder in den Genuss. Ein anderes Beispiel: Stell dir vor, du bringst endlich mal wieder deinen Briefkasten auf Hochglanz. Er erhält seine ursprüngliche weiße Farbe zurück und strahlt jetzt so aufmunternd, dass du dich sogar traust, ihn auch mal zu leeren. Der Briefträger seinerseits wird das registrieren, denn jetzt lässt sich die neue Post wieder viel leichter in den Kasten legen und muss nicht mehr hineingestopft werden. So erhöht sich die Energie rund um deinen Briefkasten merklich: Er hat wieder eine würdige Stellung im Haushalt und ist kein schmutziges Aschenputtel mehr. Im Gegenteil! Jetzt trägt er sein schönstes Gewand und empfängt – entsprechend dem Resonanzgesetz – nur noch frohe Botschaften. Eine Rückzahlung hier, ein Bonushonorar dort und zwischendurch lauter nette Zeilen von wohlgesonnenen Mitmenschen. Wichtig ist bloß, welchen Standard man für sich und seinen Briefkasten setzt. Bitte und du wirst erhalten – heißt es nicht so?

Der Tiefschlag

Wir öffnen sozusagen eine Glücksstandleitung, durch die jederzeit bombastische Neuigkeiten zu uns fließen können. Nur wenig später findet sich im frisch geputzten Briefkasten das Reklameblatt vom Discounter. Auf Seite zwei liest du: »blitzi, der neue Multiputzer für 129,95 Euro«. Angeblich saugt und wischt er gleichzeitig und spielt dir dabei eine Melodie vor. »Garantiert ohne E4.« Klingt super!

Am nächsten Morgen um sieben Uhr bist du die Erste im Laden und hast Glück: Es sind noch welche da. Und obwohl du nicht so recht glauben kannst, dass blitzi dir das Leben so viel leichter machen will, schnappst du dir eines von den ominös verpackten Geräten. Auf dem Heimweg fühlst du dich, als würdest du beim Fang-den-Hut-Spiel das goldene Hütchen nach Hause tragen. Gleich den Schatz auspacken und in Augenschein nehmen. Was macht es schon, dass man im Supermarkt das eigentliche Gerät aufgrund der ganzen Pappe gar nicht sehen konnte? Ein Sichtfenster war nicht in der Verpackung. Was soll's – im Kampf mit der großen Verpackungspappe bist du ja jetzt Profi. So sperrig diese hier auch ist, sie wird einfach in den Garten gelegt, bis es regnet. Der Blick in die Wetter-App verheißt allerdings eine Woche lang strahlenden Sonnenschein. Na, sei's drum. Jetzt soll sich alles um blitzi drehen. Du kannst es kaum erwarten, die Melodie zu hören, die er spielen wird, wenn er mitten in seinem Element ist. Es ist eben einfach schön, wenn man sich mal was gönnt, vor allem, wenn es für den Haushalt ist.

Die Katze im Sack ist selten das große Los.

– Haushaltsglück-Weisheit –

Der Multiputzer, der zum Vorschein kommt, entspricht nicht ganz deiner frohen Erwartung. Ein schreckliches Braun und ein klobiger, schwerer Apparat. Die Saugleistung schreckt schon vor einem Hundehaarhaufen zurück, was dazu führt, dass blitzi im Wischmodus nichts weiter tut, als die schmutzigen Haare von einer Ecke in die andere zu wischen. Als du mit kläglicher Resterwartung den Melodieknopf drückst, läuft es dir kalt den Rücken herunter: *Spiel mir das Lied vom Tod.* Soll das ein Scherz sein? Dieser blitzi hat offenbar keine Seele. Er hat schon aufgegeben, bevor er überhaupt angefangen hat. E4 wäre dir lieber gewesen. Ein kleiner Streik, vielleicht eine kurze Diskussion, wer am längeren Hebel sitzt – aber auch die Aussicht auf neuen Frieden.

Das Kind steht lachend vor dir und prustet: »Ein Satz mit X, das war wohl nix!« Und tatsächlich, dir wird klar: Es gilt jetzt, sich den Rückschlag einzugestehen und ihn elegant wegzustecken. Mal ehrlich: War dir blitzi nicht von Anfang an etwas suspekt? Hier gab es weder Erhöhung noch universale Synchronizitäten. Das Einzige, was dir bleibt, sind nasse Schmutzhäufchen auf dem Boden, ein Plastikzombi, der eine Todesmelodie säuselt, und eine sonnengebleichte, bereits halb zerrissene Riesenpappe mit dem Aufdruck: »Rückgabe des Geräts bitte nur in intakter Originalverpackung.«

In deiner Enttäuschung treten dir Tränen in die Augen. Nur ein Mal im Leben wolltest du wahre Liebe zu einem Wischmopp spüren. Eine Verbindung aufbauen, die von Dauer ist. Doch die Realität sieht leider anders aus. Das kommt dir bekannt vor? Dann lass dir gesagt sein: Im Moment tut es weh, aber im Rückblick wird sich der Sinn erschließen.

Versuche stets, zuversichtlich zu bleiben,
und suche die Lösung dort,
wo sie doch sowieso immer liegt.

– Haushaltsglück-Weisheit –

Zwar lässt sich blitzi nicht so ohne Weiteres mit dem Hausmüll entsorgen, denn er ist zu groß und würde sicherlich einen orangenen Zettel ernten. Aber wie wäre es mit Hilde? Da steht sowieso noch ein Geschenk aus, weil du letzte Weihnachten nicht dazu gekommen bist. Du lädst die Tante ein. Zum Kaffee. Du hörst dir eine Stunde lang an, wie sie dich in einem fort bevormundet, zurechtweist, dir ihre Meinung aufdrückt und nebenbei erwähnt, dass man das Sonnenblumenöl aber durchschmeckt, mit dem du die Waffeln gebacken hast (Rapsöl wäre ihrer Meinung nach besser gewesen). Du bleibst ruhig, wenn sie deinen geliebten Espresso für zu säuerlich und deinen Tisch ohne Tischdecke als Zumutung bezeichnet. Du pflichtest ihr bei, wenn ihre Ausführungen über die unverschämte jüngere Generation an der Reihe sind, die jeden Stil und jede Demut verloren hat, und dann drückst du der noch immer schnatternden Tante einfach blitzi in die Hände und murmelst noch schnell »dafür nicht!« und »viel Freude damit!«.

Die Haustür kracht nach dem Abgang von Hilde so heftig ins Schloss, dass du befürchtest, sie könnte sich nie wieder öffnen lassen. Und du bist so erledigt, dass du mit Schwung in den Fernsehsessel fällst. Nach den Nachrichten hat der Sender eine Retro-Filmnacht im Angebot: die besten Western aller Zeiten. Kurz fallen dir die Augen zu, doch ein paar Momente später holt dich ein bebendes Déjà-vu zurück in die Realität: *Spiel mir das Lied vom Tod*. Die Melodie fährt dir durch Mark und Bein – ist blitzi etwa zurückgekommen und treibt hier noch immer sein Unwesen?

Lass es nicht dein Leben ruinieren

Wir dürfen uns den Alltag einfach nicht vermiesen lassen. An schlechten Tagen gilt es, erhobenen Hauptes aus dem Schlamassel rauszukommen, denn sonst ist der Tag vorbei und wir haben ihn nicht genossen. Und vor allem müssen wir uns davor hüten, dass vergangene Fehlkäufe, ungebetene Ohrwurmmelodien oder E4-ähnliche Auseinandersetzungen uns immer weiter verfolgen und nicht loslassen.

Sicher, du hattest nicht erwartet, dass Tante Hilde mit blitzi so blendend klarkommt. Richtig gefreut hat sie sich über den neuen Alleskönner. Zigarettenkippen sind für ihn kein Problem, sagt sie, und bei ihr würde er *Somewhere over the Rainbow* spielen. In dir schwelt ein ganz neues Gefühl. Ist es Eifersucht? Was hat sie, was du nicht hast?

Doch es nützt ja nichts: In dieser miesepetrigen Haltung stehst du deinem eigenen Haushaltsglück bloß im Weg. Halte dir vor Augen: Wer könntest du jenseits dieser schmerzvollen Erinnerung sein? Wenn dein Herz wieder frei wäre und dein volles Potenzial wieder einsatzbereit? Wenn weder die unglückselige Begegnung mit dem vollautomatischen Möchtegernfeudel dir im Weg stünde noch dein Neid darüber , dass sich hier offensichtlich zwei gefunden haben?

Sei dankbar für die Erfahrung, auch wenn sie nicht angenehm war. Mach dir klar, was du daraus lernen kannst, um selbst gestärkt weiterzuziehen! Lass es nicht dein Leben ruinieren, dass blitzi bei dir das Lied vom Tod und bei Hilde *Somewhere Over the Rainbow* gespielt hat. Akzeptiere es und vergib allen Beteiligten – und dann richte den Fokus wieder darauf, wie du deine Stimmung in Höchstform bringen kannst. Sei bereit, jeden Tag ein neues kleines Glück zu suchen und zu finden. Und falls du keines findest, dann back dir eins.

Und jetzt? Chocolate Chip Cookies für alle!

Es gibt nichts Schöneres als den Duft von frischen Chocolate Chip Cookies, die gerade aus dem Ofen kommen – oder doch:

den Duft von frischen Chocolate Chip Cookies, der durch ein frisch aufgeräumtes, sauberes und gemütlich einladendes Interieur zieht. Einen Cookie in der Hand, die Tasse Kaffee mit extra viel Milchschaum in der anderen kannst du dann von Zimmer zu Zimmer ziehen und dein Werk bewundern, das du ganz ohne blitzi zustande gebracht hast.

Rezept für die Cookies:

- 2 Eier
- 120 g weißer Zucker
- 160 g brauner Zucker
- 1 TL Salz
- 1TL Backpulver
- 1 TL Vanillezucker
- 200 g Margarine
- 380 g Mehl
- 1 Packung Chocolate Chunks XXL (backofenfeste Schokotropfen)

Die Zutaten zu einem Teig verkneten. Den Teig zu kleinen Kugeln (ca. 3 cm) formen und mit genug Abstand auf dem Backblech platzieren. Bei 150 Grad Ober- und Unterhitze ca. 15 Minuten backen – dabei verlaufen die Kugeln zu Cookies. Wenn die Cookies aus dem Ofen kommen, sollen sie noch nicht gebräunt oder hart sein. Nach dem Backen noch 15 Minuten abkühlen lassen, dabei härten sie von außen noch nach, bleiben aber innen saftig. Guten Appetit!

Kapitel 2

Motivation und die Schwelle zum Erfolg

Das Haushaltsglückfieber hat dich gepackt. Putzen mit Zusatznutzen ist kein Fremdwort mehr für dich und zu Ostern wünschst du dir ein Set ätherische Zitrusöle und einen Staubwedel mit Gelenkteleskopstab. Immer mehr kommst du hinter das Geheimnis des impulsiven Kurzzeitputzens, das dir daheim nicht nur ein strahlendes Ambiente, sondern auch eine glänzende Stimmung beschert. Diese wiederum zieht folglich ebenso glänzende Ereignisse, Nachrichten und Zufälle in dein Leben.

Du fühlst dich zunehmend so leicht und sorglos, als stündest du im Korb eines Heißluftballons, der gerade abheben will. Es besteht kein Zweifel: Irgendwo auf dem Weg bist du einer unberechenbaren Macht in die Fänge gegangen – der Motivation. Sie ist das Feuer, das den Ballon in die Höhe treibt. Sie macht den Weg frei für fulminante Erfolge, daher lohnt es sich, dass wir uns mal genauer mit ihr befassen.

Ostfriesisches Terrassenwetter

Freundin Ida schwärmt von der Karibik – doch für dich liegt die Lösung eher zu Hause, und du freust dich über die neuen

Teakholzmöbel für die Terrasse. Vor allem, da du doch das Problem mit der sperrigen Pappverpackung so sensationell gelöst hast. Der Sommer kann kommen! Gesagt – getan, schnell die Terrassenkissen ausgelegt, den Sonnenschirm aufgestellt, Arbeitsunterlagen und den Laptop nach draußen geholt. Denn wo ließe es sich herrlicher arbeiten als auf der sonnenverwöhnten Terrasse mit der leichten Brise?

Das Chinaschilf wiegt sich sanft hin und her und verbreitet ein wohlig-maritimes Ambiente. Was für ein schöner Nachmittag. Jetzt fehlt nur noch das obligatorische Heißgetränk – aber pardon, in diesem Fall muss es statt Kaffee mal Ostfriesentee sein. Während du den Tee kochst, will Hilde dich mal eben am Telefon sprechen, also sei's drum. Leider zieht der Tee durch diese Störung länger, als er soll, und ist auch nicht mehr wirklich heiß, trotzdem füllst du ihn guten Mutes in das filigrane Ostfriesenteetässchen und machst dich, mit Hörer am Ohr, auf den Weg nach draußen. Die Motivation ist klar? Im wilden ostfriesischen Frühsommer das kleine Zeitfenster abzupassen, in dem du auf der Terrasse Karibik spielen kannst. Oder zumindest Südschwarzwald. Für ein paar Minuten.

Doch ach, was ist in der Zwischenzeit passiert? Die Kissen haben erste Tropfen abbekommen, und deine Unterlagen sind im ganzen Garten verstreut. Da muss wohl ein kräftiger Windzug vorbeigekommen sein. Hilde bringt nur wenig Verständnis dafür auf, dass du das Telefonat beenden musst, aber darauf kannst du keine Rücksicht nehmen. Beherzt stürzt du dich ins wehende Terrassenszenario, wo es jetzt wie aus Kübeln schüttet, und rettest gerade noch deinen Laptop, während du die Sitzkissen eilig ins Haus manövrierst und nur mit Mühe die Tür von innen schließen kannst. Du bist patschnass – ach, wo war eigentlich der Tee? Ein Blick aus dem Fenster gibt Aufschluss: Das weißblaue Tässchen hält sich allein und wacker auf dem Terrassentisch und teilt dessen Schicksal: ein Bad in prasselndem Regen.

Will man also in Ostfriesland gemütlich auf der Terrasse sitzen, dann gilt es, den richtigen Moment abzupassen. Während man sich andernorts gelangweilt auf die Terrasse schleppt, weil halt Sommer ist, hat ein vielversprechender Sonnenstrahl im Norden hochmotivatorische Kräfte, weil er ein rares Terrassenglück in Aussicht stellt.

Dieses Glück will gut vorbereitet sein, und kommt man in seinen Genuss, weiß man es zu schätzen. Bereits einen Tag vorher empfiehlt es sich, die Wetter-App präzise zu checken und sonnenversprechende Stunden im Kalender zu vermerken. Die Gartenkissen müssen griffbereit positioniert sein, so dass man im Falle eines Sonnenstrahls umgehend reagieren und sie auslegen kann. Dies kann gern im Vorfeld mit Stoppuhr trainiert werden, denn ebenso schnell muss man mit dem Einpacken der Kissen sein, sobald der Wetterumschwung sich einstellt. Kuchen und Tee sind idealerweise auf Vorrat vorbereitet, und benötigte Arbeitsunterlagen liegen in Kopie vor. AUF KEINEN FALL darf das Telefon inmitten der heißen Phase abgenommen werden, denn hier zählt jede Sekunde: Zeigt sich der Sonnenstrahl, muss flugs eine Aktion erfolgen. Terrasse fegen entfällt (lohnt sich eh nicht), Kissen werden auf die Stühle geworfen (mit zunehmender Übung landen sie richtig) und über das Laptop positionierst du vorsichtshalber ein kleines Extraschirmchen – oder du nimmst es gar nicht erst mit raus. Denn alles, was jetzt zählt, ist: schnell noch eben die Beine hochlegen, solange die Sonne scheint!

Irgendwie kommt dir das bekannt vor? Ja, richtig, das fühlt sich an wie »Schokoladenessen«, ein Spiel, das früher auf Kindergeburtstagen gespielt wurde. Die Kinder würfeln, und bei einer Sechs darf man beginnen, Handschuhe, Schal und Mütze anzuziehen, um sich mit Messer und Gabel über ein dick verpacktes Paket herzumachen, in dessen Mitte sich Schokolade befindet – aber nur, solange kein anderer eine Sechs würfelt. Schon bald tendiert das Gerangel zu Extremen: Die einen müssen sich immer sputen, gehen aber stets leer aus und werden sauer, während ein oder zwei Kandidaten sich so ausgiebig mit der Schokolade beschäftigen, dass ihnen schlecht wird. Dies nimmt die Gastgebermutter zum Anlass, um schon mal zwei Kinder nach Hause und den Rest der Rasselbande zum Spielen aufs Zimmer zu schicken. Endlich Ruhe in der Küche! Und damit Zeit für einen doppelten Erfolgsespresso.

Kein Anfang und kein Ende in Sicht?

Es hat sich haushaltstechnisch so viel aufgestaut, dass du gar nicht mehr weißt, wo du anfangen sollst? Du beginnst, das Vertrauen zu verlieren, dass überhaupt jemals wieder Ordnung einkehrt?

Falsch! Wende Motivationstrick 17 an: Such dir eine Ecke aus und tu zehn sinnvolle Handgriffe:

- Chipstüte weglegen,
- kurz durchsaugen
- Kissen aufschlagen,
- Müll raustragen und alte Zeitungen entfernen,
- ruhig mal beherzt durchlüften,
- Kerze anzünden,
- optional eine Vase mit Blumen aufstellen und
- drei Handgriffe deiner Wahl.

Danach halte dich möglichst nur in diesen drei Quadratmetern auf, denn sie sind jetzt sauber und aufgeräumt. Nach dem Prinzip »Ein geordnetes Umfeld erhöht dein Resonanzfeld« dürfte sich nun schon ein erster Erfolg in deinem Leben einstellen. Sollte das nach etwa drei Tagen noch nicht passiert sein, verlass deinen Posten, sei mutig und dehne die Quadratmeterzahl der gesäuberten Fläche aus. Du kannst mit Kleinigkeiten anfangen. Vielleicht hat es an den Fenstern gelegen?

Fass dir ein Herz und bring die Fensterscheiben auf Hochglanz. Wenn durch die freien Scheiben mehr Licht ins Zimmer kommt, fällt dir vielleicht ins Auge, was dich und den Erfolg noch auseinanderhält. Natürlich: Der ganze Teppich ist ja voller Tierhaare. Ebenso deine Hose, mit der du gerade auf dem Teppich gesessen hast. Na ja, das haben wir doch gleich, oder? Übrigens – welcher Zeitpunkt wäre passender, um schnell mal alle Betten und Decken des geschätzten Haustiers auszuschütteln und abzusaugen? Und wer sagt, dass sich nicht auch noch die Tische im Wohn- und Esszimmer in Rekordzeit einmal abwischen lassen?

Fertig – doch da wir gerade das Putzleder in der Hand haben, können wir auch noch eben das Treppengeländer mitnehmen.

Wirf niemals einen Lappen weg,
der noch Potenzial hat.

– Haushaltsglück-Weisheit –

Wie war das vorhin – kein Anfang und kein Ende in Sicht? Hat sich erledigt, oder? Der Trick war, dem Großen mit dem Kleinen zu begegnen, frei nach Albert Einstein: *Die Lösung liegt nie auf der*

Ebene des Problems. Wir müssen bloß die Ebene wechseln. Den unerklimmbaren Berg mit dem ersten Schritt bezwingen. Den Schmerz des Unausweichlichen mit einem Lächeln besänftigen – und mit etwas Humor. Dem Schweren mit dem Leichten begegnen und dem schier Endlosen damit, dass wir einen ersten Schritt wagen.

Vielleicht ist noch nicht alles auf Hochglanz gebracht – aber gib zu, dass du in einem relativen Zeitminimum das Riesenchaos zum Normzustand degradiert hast. Diese Erleichterung: das süße Gefühl, etwas angepackt zu haben. Und falls in deinem übrigen Leben auch gerade Chaos herrscht – geh' einfach nach demselben System vor.

Überrasche dich selbst ...

... und tu etwas, was du niemals tun würdest!

Es kann sehr motivieren, wenn wir einfach mal unseren routinierten Alltagsplan auf den Kopf stellen. Wir mixen die Zeiten! Zu dem Zeitpunkt, zu dem wir normalerweise eingekauft haben, schlafen wir jetzt. Wann wir normalerweise kochten, trinken wir einen doppelten Espresso. Wann wir früher den Gang zum Briefkasten antraten, stellen wir uns jetzt unter die Dusche und trällern ein Liedchen. Und in Zeiten, zu denen wir früher schliefen – du ahnst es, widmen wir uns jetzt dem Erfolgsputzen! Was hältst du davon?

Wie das gehen soll? Nun, das ist leicht: Um vier Uhr dreißig lässt du dich vom Wecker wecken, stehst auf und widmest dich der Reinigung des Badezimmers. Hierfür gibst du dir maximal fünfzehn Minuten. Dann gehst du mit einem Lappen, der vielleicht noch Potenzial hat, kurz über die Oberflächen im Schlafzimmer und saugst überall noch mal durch. Oder umgekehrt. Jedenfalls kannst du danach deinen Kaffee im Bett einnehmen und dich fühlen wie im Hotel – inklusive anschließender Benutzung eines glänzend sauberen Badezimmers.

Es ist mittlerweile sechs Uhr und du willst dich genüsslich noch mal im Bett umdrehen? Warte kurz und mach dich schnell noch an die Steuererklärung. Oder zumindest das Sortieren der Belege, falls du die Sachen an einen Steuerberater übergibst. Danach pflanzt du im Garten rasch die Gemüsesamen ein, die schon seit Wochen herumliegen wie bestellt und nicht abgeholt. Aber Achtung: Die Gurkensamen bitte erst in kleine Töpfchen pflanzen und ins Warme stellen. Schon nach drei Tagen wird sich sachte ein Pflänzchen hinauswagen, so als ob sich eine gute Fee darüber neigt, die es anfeuert. Stell dir vor, wie die Fee auch dich anfeuert – dann hast du direkt noch Lust, zum Abschluss eine Ladung Wäsche in die Waschmaschine zu stopfen.

Es ist acht Uhr und die Familie will Frühstück? Kein Problem. Du legst einen dekorativen Zettel auf den Tisch mit dem Hinweis: Frühstück gibt's beim Bäcker. Und dann schickt die gute Fee dich erst mal für einen beherzten Tiefschlaf in die Federn.

Ein weiterer motivatorischer Kunstgriff besteht darin, das Unangenehme mit dem Unangenehmen zu verbinden – damit du im Umkehrschluss das Angenehme ungestört und in vollen Zügen genießen kannst. Steht beispielsweise die Monats- und Finanzplanung an, dann lege dir diese zeitgleich mit dem Zahnarztbesuch: Nimm sie mit ins Wartezimmer. Zwei Damen tauschen sich dort gerade über das Ausmaß ihrer Zahnwurzelentzündungen und das mangelnde Einfühlungsvermögen der Sprechstundenhilfe aus? Leider kannst du nicht am Gespräch teilnehmen, denn du bist hochbeschäftigt – und damit machst du übrigens auch einen wichtigen Eindruck. Du widmest dich deiner Monatsplanung mit solch wichtiger Miene, dass sich niemand traut, dich nach deinen Zahnproblemen zu fragen. Und damit setzt du gleich mal einen Standard für die Qualität von Anfragen, mit denen man wagen dürfte, dich zu unterbrechen. Es trifft sich gut, dass eine Espressomaschine im Wartezimmer steht. Bald hast du gänzlich vergessen, dass noch eine Zahnarztkontrolle auf dich wartet. Du planst und telefonierst, loggst dich auf Plattformen ein und besiegelst Wertpapierkäufe, schickst via WhatsApp wichtige Anweisungen heraus und fühlst dich wie der Vorstandsvorsitzende eines Imperiums.

Gut so! Du hast dich nicht runterziehen lassen, sondern deinen Fokus auf die Zukunft gerichtet. Hast in kürzester Zeit wertvolle Planung und Organisation geleistet, gratis einen Kaffee getrunken und von allen Seiten Respekt genossen. Der Zahnarzt spricht das Einzige aus, was hier zu sagen bleibt: Alles richtig gemacht – besser könnte es nicht aussehen!

Ein solcher Start in den Tag macht selbstredend Lust auf mehr. Also überlegst du auf dem Heimweg, wo weitere Erfolge zu holen sind – im Folgenden ein Vorschlag:

Das Haushaltsglück-Workout

Hast du auch schon mal an dieser Aerobic-Stunde teilgenommen, bei der man die Arme hochstrecken und dann eine Übung ausführen sollte, die sich »Fenster putzen« nennt? Hast du dich dabei auch völlig veralbert gefühlt? Denn mal ehrlich: Welche Verschwendung von Energie! Du stehst in der Aerobic-Gruppe und betreibst Fensterputzen mit Realitätsverlust, während du dein hart verdientes Geld zur Hälfte dem Fitnessclub und zur anderen Hälfte der Gebäudereinigung *Frische Brise* überweist, die gerade eine Putzfee zur monatlichen Fensterreinigung zu dir nach Hause beordert hat. Verkehrte Welt, oder? Denk an die schöne Wohnzimmerlampe! Du hast mittlerweile schon zwei? Dann sagen wir mal so: Gibt es die teuren Cowboy-Boots noch, die du schon seit Jahren haben wolltest? Es darf eine Nummer größer sein? Warum dann nicht endlich mal den Bau der ersehnten Garage anpeilen, der seit Jahren aufgeschoben wird? Also: Den Möglichkeiten, Geld auszugeben, sind keine Grenzen gesetzt. Sofern das Geld nicht jeden Monat für den Fitnessclub draufgeht – und Hand aufs Herz: Wie oft warst du da? Bleib lieber zu Hause, denn dort liegt der wirkliche Schlüssel zum Glück.

Nehmen wir also an, du möchtest fit werden – das geht zu Hause wunderbar. Als Erstes schlüpfst du in dein Sportoutfit. Über das Aerobic-Top und die schicke Fitnesshose kommt noch die geblümte Stoffschürze von Oma und schon bist du bestens gerüstet.

1. Zum Start Schultern und Nacken lockern und rollen. Dabei einen Staubwedel in die Hand nehmen und alle Deckenlampen, Schränke und Ecken an der Wand von Spinnweben befreien.
2. Jetzt bringen wir etwas Bewegung ins Spiel durch eine leichte Laufübung. Einmal die Treppe hoch ins Kinderzimmer und alles schmutzige Geschirr schnappen, das in den Geschirrspüler soll. Wieder runter in die Küche und Geschirr abstellen. Dann wieder etwas anderes schnappen, was eigentlich nach oben gehört und von oben wieder etwas mit runter nehmen, das seinen Platz unten hat.

3. Beim dritten Mal Hochlaufen kannst du an jeder zweiten Treppenstufe die Waden dehnen. Dazu den Fuß an den Rand der Stufe stellen und die Ferse nach unten drücken. Das stärkt die Achillessehne. Abschließend nimmst du die Treppe drei Mal hoch und runter, ohne noch etwas abzulegen. Fortgeschrittene können dabei mit einem Tuch über das Treppengeländer wischen.
4. Nun kommt der Teil, bei dem du erst in die Knie gehst und dann den ganzen Körper mit Schwung nach oben ausstreckst. Dabei kannst du einen Teppich oder eine Fußmatte ausklopfen.
5. Nun kommt der Trampolinteil, du weißt schon, Hüpfen auf der Stelle, wahlweise auch Hampelmann oder neudeutsch: *Jumping Jack*. Lege als Unterlage alle Kartons von den Onlinelieferungen der letzten Woche auf den Boden, so kannst du sie plattstampfen, damit sie in den Papiermüll passen.
6. Für den nun folgenden *High-Impact*-Teil schnappen wir uns den Staubsauger und saugen so viel wir können, so schnell wir können. Dabei sollten wir schon ein bisschen aus der Puste kommen.
7. Der große Moment: Die Fensterputz-Übung! Genieße das zufriedenstellende Gefühl, deine Hände nicht bloß orientierungslos in der blanken Luft zu bewegen. Nein, du schaffst reelle Tatsachen. Hörst du, wie der Lappen quietschend über die Fensterfläche gleitet? Und noch einmal gaaanz nach oben, dann gleich einmal nach unten rechts und das Ganze spiegelverkehrt wiederholen. Beim zweiten Durchgang das Tempo steigern – Musik dazu ist nicht verkehrt.
8. Zuletzt üben wir die Standwaage – sofern du vorhast, etwas länger in dieser Position zu verharren, kannst du dir

über das jeweils ausgestreckte Bein und die Arme etwas Wäsche hängen, die trocknen muss. So hast du gleich ein frisches Handtuch, wenn du nach dem Workout duschen gehst.

9. Alle, die allen Ernstes dieses Workout durchgezogen haben, schreiben der Autorin (mit Beweisfotos) und erhalten als Preis einen gemalten Blumenstrauß und ein paar gute Wünsche. Oder besser: einen geheimen Haushaltsglückstipp.

Raus aus der Komfortzone

Erfolgreiche Menschen begeben sich öfter und hemmungsloser aus ihrer Komfortzone. Jedes Zurückkehren dorthin bringt dann wiederum einen besonderen Zufriedenheitskick, der eben fehlt, wenn man gar nicht erst draußen war. Es ist wie bei heißer Schokolade, die nach einem Tag auf der Skipiste geradezu himmlisch schmeckt. Wer nun aber überhaupt keine Lust hat, seine Schneesachen anzuziehen und die Skier anzuschnallen, dem sei gesagt, dass es auch hier Hoffnung gibt. Man muss nämlich gar nicht unbedingt vor die Haustür.

Die Komfortzone zu verlassen kann auch im übertragenen Sinne funktionieren – beispielsweise, indem wir endlich zum Hörer greifen und die stets aufgeschobenen Telefonate erledigen. Oder indem wir mit dem Liebsten das Fußballspiel ansehen, obwohl doch zeitgleich Rosamunde Lindström läuft. Oder indem wir mit Tante Hilde telefonieren, der Ziege, weil nicht rechtzeitig ein Kuchen zu Boden ging und keine Ausrede parat war. Und am Ende müssen wir zugeben, dass die Ziege zwei bis drei gute Sachen gesagt hat und das Telefonat gar nicht so schlimm war.

Doch was hat nun die Komfortzone mit Haushaltsglück zu tun? Ganz einfach: Es kann dir zu erheblichen Glücksgefühlen verhelfen, wenn du das Potenzial der Komfortzone in deine Überlegungen einbeziehst. Denn du kannst die Komfortzone auch verlassen, indem du dir eine Haushaltssache vornimmst, die du wirklich sehr ungern machst. Erhöhe die Schrecklichkeit noch, indem du die Sache gleich morgens, idealerweise noch vor dem Frühstück, angehst. Das haben wir ja bereits geübt. Dein Frühstück wird geradezu köstlich schmecken, wenn du vorher schon haushaltstechnisch aus deiner Komfortzone gegangen bist. Es wird ein Erfolgsfrühstück sein. Mit Erfolgsespresso. Den längsten Teil des Tages wird dich nun ein merkliches Motivations- und Produktivitätsgefühl begleiten, ähnlich wie weiter oben nach dem Zahnarztbesuch. Und wenn der Tag schon so startet, wie wird er dann erst enden?

Ein guter Start in den Tag ebnet den Weg
für einen fulminanten Feierabend.

– Haushaltsglück-Weisheit –

Es empfiehlt sich sowieso, viel mehr Augenmerk auf den Start des Tages zu richten, können wir hier doch immer wieder den energetischen Grundstein für einen gelungenen Tag legen. Und wer möchte bitteschön keinen gelungenen Tag?

Ein Gönn-dir-Tag zu Hause

Die letzten Wochen waren stressig. Dir ist gerade alles zu viel, und du fühlst dich übermüdet, fahrig und desorientiert? Plane sobald wie möglich einen Tag ohne Termine zu Hause ein, denn dort liegt immer die Lösung. Dieser Tag wird den Unterschied machen!

Wann immer es geht: Gönn dir.

– Haushaltsglück-Weisheit –

Du hast mal wieder schlecht geschlafen? Gönn dir den Luxus, die erste Tasse Kaffee noch im Bett zu genießen. Und sobald du nach dem Frühstück halbwegs wach bist, nimm deine Bettwäsche in Angriff: Die erste Maßnahme für besseren Schlaf ist nämlich frisch gewaschene Bettwäsche. Wann ist ein besserer Zeitpunkt als genau jetzt, um sie schnell abzuziehen und in die Maschine zu stopfen? Bedenke: Egal auf welchen Zeitpunkt du es verschiebst, du wirst keine Lust darauf haben. In dem Moment jedoch, in dem die Wäsche in der Maschine ist, übernimmt diese ja erst mal – und du kannst dir einen zweiten Kaffee gönnen, wie hört sich das an?

Richtig, so lässt es sich doch aushalten: In der Küche bei einer Kerze und der Zeitung – im Hintergrund das sanft säuselnde Brummen der Waschmaschine, die sich um deine Bettwäsche kümmert. Wenn das mal nicht gelungenes Teamwork ist!

So, was steht weiterhin auf dem Plan? Na ja, da du doch sowieso gerade bei der Schlafzimmeroptimierung warst, gibt es hier natürlich schnelle Erfolge zu holen. Gönn dir ein bisschen Haushaltsglück! Kurz mal eben noch durchsaugen, da doch nachher die saubere Bettwäsche kommt? Staubwischen und Ordnung in den Bücherstapel auf dem Nachttisch bringen? Na, mit Vergnügen. Mit jedem Handgriff, der die Ordnung wiederherstellt, fühlst du auch innere Regeneration in dich einströmen. Was kann der Tag noch bringen? Her damit!

In bester Laune begrüßt du den netten Briefträger, der dir frohgemut zwei Briefe in die Hand drückt. Kein Paket? War denn gar keine Onlinebestellung auf dem Weg? Na gut, das lässt sich schnell ändern. Während deine Gedanken dir erstaunlich rasch viele reizvolle Möglichkeiten anbieten, online dein Geld loszuwerden, öffnest du nebenbei den ersten Brief – oh wie nett, das ist ja ein Foto von dir. Zufrieden stellst du fest, wie gut du hinter dem Lenkrad aussiehst – die Gebühr für das Bild scheint dennoch unverschämt hoch. Immerhin ist es nur schwarzweiß, und du kannst dich nur mit Mühe identifizieren. Sehr pixelig. Und dafür achtzig Euro? Der nette Sachbearbeiter sendet dir eine Internetadresse, unter der du online eine Erklärung zum Tatbestand abgeben kannst. Was es nicht alles gibt. Gerne doch, und trotzdem: Die achtzig Euro hättest du lieber anderweitig ausgegeben. Na ja, sei's drum. Hier musst du jetzt Nerven bewahren – doch halt! Warst du nicht gerade im Erfolgsmodus? Eigentlich kann dir überhaupt nichts passieren, also energetisch gesehen. War da nicht noch ein zweiter Brief? Du öffnest ihn. Wunderbar: Die Krankenkasse erstattet die Zahnreinigungsgebühr. Sie beläuft sich auf achtzig Euro.

Wie sehr kann man sich freuen, dass alles beim Alten bleibt? Es ist, als ob dir jemand deinen grünen Pulli zurückbringt, den du verloren hast. Oder das Kind schenkt dir zum Muttertag deinen vermissten (und fast leeren) Lieblingslippenstift. Oder du zahlst ein Schweinegeld für die Autoinspektion. Hinterher kannst du wieder unbehelligt weiterfahren, doch du freust dich zur Abwechslung mal darüber: was für ein schönes, funktionierendes Auto! Was für eine ausgeglichene Verteilung von Achtzig-Euro-Beträgen. Schnell noch in den grünen Pulli schlüpfen (so kann er nicht wieder abhandenkommen), ein dritter Kaffee und der Vormittag ist perfekt.

Du denkst, die Plus-minus-null-Freude ist vergebene Liebesmüh? Mitnichten, denn du bist ein anderer Mensch geworden. Deine Lebenserfahrung ist gewachsen. Du hast Dankbarkeit für das Alltägliche gelernt, die Würdigung dessen, was ist. Manch großer Philosoph hielt dies für die wichtigste Basis eines erfüllten Lebens. Im Grunde wäre heute ein guter Tag, der Bußgeldstelle eine berührende Dankesmail zu schreiben. So was bekommen die selten. Als Erinnerung daran, wie das Universum dir postwendend zurückgeben musste, was es dir vorher wegnahm, weil dein Haushaltsglück dich unverletzbar gemacht hat: Wer konsequent in Erfolgsstimmung ist, dem kann nichts weggenommen werden, weil er wie ein Magnet glänzende Zeiten anzieht.

Haushaltsglück sorgt für
Balance in deinem Leben.

– Haushaltsglück-Kernaussage –

Apropos glänzende Zeiten: Ein Blick in dein sauberes Schlafzimmer dürfte die gute Stimmung nicht trüben. Wie nun die restliche Wartezeit gestalten, bis die Bettwäsche aus dem Trockner kommt? Allein schon die Aussicht, sich auf etwas freuen zu können! War das nicht schon als Kind immer das Wichtigste? Etwas vor sich zu haben, das sich wie Weihnachten anfühlt? Die Tage zu zählen und in Vorfreude zu baden. Heute stellen sich die Kids einen Timer auf ihrem Smartphone, der sie stündlich informiert: nur noch X Tage, X Stunden und X Minuten bis zum Ereignis X. Ist das nicht toll? Also überlege mal: Worauf freust du dich eigentlich? Außer auf die fertige Bettwäsche, die gleich aus der Maschine kommt?

Derweil stellt sich langsam die Frage, was heute auf den Tisch kommen soll. Jetzt wäre noch Zeit, um schnell einzukaufen – oder eine schöne Essensplanung auf die Beine zu stellen. Hühnchen-Curry? Das geht aber nicht ohne Lieblingsserie, also was steht heute auf dem Plan?

Ein warmes Essen für die Seele, Jogginghose und philosophische Erkenntnisse, ein reger Seitenwechsel von achtzig Euros hin und zurück und ein grundgereinigtes Schlafzimmer. Und alles ohne Zeitdruck: Es geht doch nichts über einen Tag Haushaltsglück – *what a difference a day makes!*

Haushaltsglück via Remote-Verbindung

Kennst du den Button zur Remotedesktopverbindung auf deinem Computerbildschirm? Klickst du darauf, erscheint ein Dialogfenster, über das du dich über die Distanz hinweg auf einen anderen Computer einloggen kannst. Das ist sehr praktisch, wenn man zum Beispiel Homeoffice macht. Doch das Grundprinzip des virtuellen Zugriffs aus der Ferne funktioniert auch, wie wir gleich sehen werden, fürs Haushaltsglück.

Fangen wir vorne an: Es gäbe ja gar kein Haushaltsglück mit echter Glückseligkeit, wenn es kein Zuhause gäbe, richtig? Das ganze Geheimnis, die ganze Methode funktioniert nur aufgrund der Tatsache, dass du vier Wände hast, innerhalb derer du dein Hab und Gut hortest und die Annehmlichkeiten von Tisch, Bad, Bett und allerlei elektronischen Raffinessen genießt. Vier Wände, innerhalb derer sich immer eine Lösung findet. Doch mal im Ernst, das heißt natürlich mitnichten, dass du immer zu Hause bleiben musst. Theoretisch brauchst du sogar bloß eine halbe Stunde pro Tag zu Hause zu sein, um Haushaltsglück zu erleben. Das wiederum wäre aber dumm, weil du dann die schöne Sauberkeit und Ordnung gar nicht genießen kannst. Außerdem steht zu Hause die Kaffeemaschine. Also ein Mittelweg: Gelegentliche Ausflüge sind erlaubt, und dagegen ist ja auch gar nichts einzuwenden. Man muss nur eben wissen, wo man hingehört. Oder wie es so schön heißt: Appetit holen kann man sich draußen, aber gegessen wird zu Hause. Denn sonst gäbe es ja auch keinen Geschirrspüler, den man ausräumen kann.

Tatsächlich ist es so, dass auch das Zuhause so seine Tricks anwendet. Ab und zu möchte es uns erinnern, was man an ihm hat. Vielleicht haben wir es mal wieder für selbstverständlich genommen, zu wenig beachtet und kaum gelobt. Vielleicht sind wir mal wieder in unseren Trott verfallen, ohne zu würdigen, dass ohne unser Zuhause alles nichts wäre. Haben genüssliche Vollmondabende am Kamin ausfallen lassen, weil wir in die Illusion verfallen sind, dass wir uns anderen Dingen widmen müssten. Wichtigeren Dingen. Wir brauchen das gar nicht weiter auszuführen. Denn irgendwann schreitet das Zuhause selber ein und schickt uns einen wohlgemeinten Denkzettel, der uns wieder die Augen öffnet, wie das folgende Szenario zeigt: Es handelt sich um den Versuch, im wahrsten Sinne der Kaffeebohne fremdzugehen.

Kennst du auch dieses seltsame Gefühl in der Magengegend, wenn du auswärts einen Kaffee trinkst? Irgendetwas fehlt. Und schlussendlich kommst du dahinter: Du möchtest deine Tasse in den Geschirrspüler stellen für ein haushaltsglückliches Erfolgsgefühl, aber man lässt dich nicht. Du möchtest den Kaffeesatz für den Garten oder für ein Peeling verwenden, aber man gibt ihn dir nicht mit. Dabei hast du beherzt die Tasse Kaffee ausgetrunken, die du selbst, so denkst du insgeheim, hättest schmackhafter zubereiten können. Die Ausbeute ist demnach gleich null: Kaum Geschmack, kein Haushaltsglück, kein Kaffeesatz. Nur widerstrebend willigst du ein, den Kaffee auch noch zu bezahlen, denn nach deiner Rechnung hättest du entschädigt werden müssen – und fünf Euro wären hier nicht mal ein Anfang.

Zu Hause wissen wir, welch hochwertige Kaffeebohnen wir verwenden und dass wir die Maschine ordnungsgemäß gesäubert haben. Zu Hause haben wir routinierte Abläufe, die uns das süße Gefühl von Geborgenheit vermitteln. Da kann der Kaffee im Morgenrock getrunken werden, die Lockenwickler im Haar, und man muss keine fünf Euro neunzig zahlen und seinen Namen auf den Becher schreiben. Da brüllt keiner »Wie heißt du?« über den Tresen, während eine Schlange von zwanzig kaffeedurstigen Mitwartern sich hinter dir aufreiht. Alle starren dich an, du flüsterst deinen Namen und hoffst inständig, dass jetzt nicht auch noch Größe, Gewicht und Beruf abgefragt werden. »Wie heißt du?«, dröhnt die Stimme noch lauter. »Ich habe dich nicht verstanden!« Dabei beobachtest du entsetzt, wie der Kollege beherzt Milchschaum in deinen Becher laufen lässt, obwohl du Sahne bestellt hattest. »Nein! Dazu Sahne!«, rufst du mit aller Kraft, um den Geräuschpegel im Café zu übertönen. »Susanne?« Er kritzelt den Namen auf den Becher, und schon bist du bedient.

Viel Zeit bleibt nicht, du packst schnell deinen Kaffee und beim Umdrehen stößt du gegen den nächsten Mitwarter, was zur Folge hat, dass viele kleine braune Pünktchen aus dem Becher auf dein weißes Oberteil springen. Der Moment scheint in Zeitlupe abzulaufen, doch die äußere Welt dreht sich längst weiter, und der andere ist schon über alle Berge. Deine innere Ruhe ist nun empfindlich gestört, doch noch ist das Kind ja nicht ganz in den

Brunnen gefallen: Der Kaffee ist noch heiß und immerhin folgt doch jetzt der angenehme Teil: hinsetzen und entspannen. Also wenn ein Platz frei wäre. Das Café ist so voll, dass selbst die Stehplätze ausgebucht sind. Die Rettung kann nur darin liegen, das Etablissement zu verlassen und draußen vor der Tür, bei minus zwei Grad und Schneefall, ohne Handschuhe ein wenig Wärme zu schlürfen.

Es hätte so schön sein können! Mit letzten Kräften wärmst du dich an der Vorstellung, zu Hause am Kamin zu sitzen. Wie sagt Dorothy im Zauberer von Oz? *There's no place like home!*

So weit, so gut, doch irgendwie musst du ja nun wieder zu Kräften kommen. Mach dir klar: Du hast es in der Hand, wie es von hier aus weitergeht. Stellst du die richtige Frage, katapultiert sie dich schon mitten in deine Lösung. Die Qualität deiner Frage bestimmt die Qualität deines nächsten Schrittes, den du gleich machen wirst – mach dir das bitte bewusst.

Okay, also mal überlegen. Was tust du zu Hause, um dich besser zu fühlen? Genau: Du putzt schnell ein Fenster oder polierst das Ceranfeld, dadurch kommt unmittelbar ein Erfolgserlebnis. Sehr gut! Und jetzt kommt die Remote-Technik: Da du dich gerade nicht vor Ort befindest, im Paradies des Wohlgefühls und der Lösung für alle Probleme, wirst du »remote« putzen. Schließ also die Augen und stelle dir ganz fest vor, wie du die Essigessenz auf die Kochplatte sprühst. Nun das Putztuch – welche Farbe wählst du heute? Grün, das ist toll. Das erinnert an den Frühling, wenn es wärmer wird. Stell dir vor, wie du nun mit dem grünen Tuch die Kochplatte blitzeblank polierst. Na, wird dir warm ums Herz?

Und da kommt auch schon ein Erfolgsgefühl. Schon wieder etwas geschafft. Für das Gehirn spielt es nämlich keine Rolle, ob du wirklich geputzt oder es dir nur vorgestellt hast. Wir müssen den Radius unserer Möglichkeiten eben einfach nur ausweiten. Du hättest schließlich auch heulend vor Starbucks stehen oder wieder hineingehen und dich lautstark beschweren können. Falscher Name, falscher Kaffee, ruiniertes Oberteil und kein Sitzplatz! Du hättest dein Geld zurückfordern oder den Chef verlangen können. Doch statt auf dein Recht zu pochen oder Vergeltung zu üben (einfach den Nächsten, der rauskommt, anrempeln und ihm ebenfalls Kaffee überschütten), entscheidest du dich, die Ebene der Misere zu verlassen. Du richtest deinen Blick auf eine höhere Ebene. Ist das nicht toll? Die Lösung liegt schließlich sowieso nie auf der Ebene des Problems. Diesen Grundsatz beherzigst du jetzt.

Du entsorgst deinen Kaffeebecher und betrittst den Laden erneut. Die Schlange ist merklich kleiner, und du stellst dich wieder an. Doch dieses Mal bestellst du keinen Kaffee, sondern hinterlegst den Betrag für einen großen Becher Mega-Mokka mit Double Choc. Der Zweck? Der Nächste, der diese Kaffeespezialität bestellt und dabei eine Achterbahn von Scham und Hürden durchlaufen muss, bekommt ihn so wenigstens umsonst. Er wird von dir – unbekannterweise – eingeladen. Na, wenn das nicht Handeln auf höherer Ebene ist! Das Universum liebt selbstlose Taten. Und du könntest jetzt geradezu Bäume ausreißen, so gut fühlst du dich.

Und dennoch, jetzt gibt es nur noch ein Ziel: Du kennst die Richtung und weißt, wo du hingehörst: *Take me home, country roads!*

Haushaltsglückliche Zukunftsinvestition

Stell dir vor, du willst deine Zeit sinnvoll nutzen, aber du findest keine Gelegenheit. Für den Tag ist alles getan, im Fernsehen kommt nichts, Verabredungen stehen nicht an und du pirschst zu Hause herum – auf der Suche nach einem Erfolgsgefühl. Nach dem Gefühl, etwas Gutes mit deiner Zeit zu tun, etwas, das einen Unterschied macht und eine (positive) Spur hinterlässt.

Das ist leicht, das haben wir gleich. Halten wir als Basis fest: Gut ist grundsätzlich alles, womit du in deine eigene, erfolgreiche Zukunft investierst. Also frage dich: Was kannst du heute schon vorbereiten, um dir für den nächsten Tag, die nächste Woche oder gar den nächsten Monat noch idealere Voraussetzungen zu schaffen? Was kannst du tun, um dir in irgendeiner Weise die Zukunft zu versüßen? Haushaltsglück kann man nämlich auch als Investment in deine Zukunft betrachten. Alles eine Frage der Perspektive!

Mach ruhig ein kleines Brainstorming dazu. Hier ein paar Beispiele: Du kochst dir eine Riesenportion Hühnchen-Mango-Curry und frierst es in vier Portionen ein – für jeden Montag des kommenden Monats. Oder du bestellst dir eine neue Bluse, in der du dich bei der nächsten Präsentation im Büro noch cooler fühlen wirst. Du richtest in deinem Wohnzimmer eine DIY-Ecke ein, um dort in Zukunft wunderbar kreative Stunden zu verbringen, oder du polierst die Espressomaschine auf Hochglanz, damit du dich morgen früh beim ersten Kaffee fühlst wie im Hotel.

Gut ist grundsätzlich alles, womit du
in eine erfolgreiche Zukunft investierst.

– Haushaltsglück-Weisheit –

Wenn du also heute noch dein Lieblingsshirt bügelst, damit du es morgen anziehen kannst, was dein Wohlbefinden steigern wird, dann tu es! Wenn du heute noch etwas erledigen kannst, das du schon die ganze Zeit wie einen Berg vor dir herschiebst, dann tu es, und so hast du morgen bereits Erleichterung.

Der zweite Schritt ist, dass wir bei monotoneren Haushaltstätigkeiten ganz wunderbar mental kreativ werden können. Dafür eignet sich das Bügeln besonders gut: Du kannst vor dich hinträumen und deinen Gedanken freien Lauf lassen – zum Beispiel im Hinblick darauf, was eine erfolgreiche Zukunft eigentlich genau für dich wäre. Zu groß gefragt? Dann konkreter: Wie würde denn dein morgiger Tag (für den du gerade schon dein Lieblingsshirt bügelst) aussehen, wenn er ideal ablaufen würde?

Sich solche Gedanken ab und zu zu machen, ist durchaus hilfreich, um deinem Traumleben ein bisschen auf die Sprünge zu helfen. Du entwirfst quasi mental eine mögliche Version deiner Zukunft, die dir gefallen würde – und schlägst sie dem Schicksal mal ganz unverbindlich vor, was nicht schaden kann.

Und dann schlägst du wieder die Brücke in die Realität, wo die Aktionsebene angesiedelt ist: Was kannst du schon heute tun, um diesem Idealzustand näher zu kommen? Pack deine Möglichkeiten beim Schopf: Jetzt ist dein Moment, um etwas zu bewegen. Um zu eruieren, was deine Ideale sind und was du aktiv dafür tun kannst. Trinke dabei ein schönes Heißgetränk im Wohnzimmer. Möglichst rasch, die Couch ist gerade frei!

Die haushaltsglückliche Verknüpfungsmethode

Denn so schlimm kann es doch gar nicht werden. Im Gegenteil: Wir haben doch die Möglichkeit, die ganze Angelegenheit bedeutend mitzugestalten. Motivationstrainer werden nicht müde, es zu betonen: Visualisieren ist der Schlüssel zum Erfolg. Was du bis ins Detail vor Augen hast, ist nur noch einen Wimpernschlag entfernt.

Stell dir vor, es gibt eine höhere Ebene, in der alles existiert, was du dir wünschst – und Vorstellungskraft ist die Angel, mit der du das Gewünschte in deine Erlebniswelt ziehst.

Nun ist es aber oft so, dass wir eben nicht beim regelmäßigen Visualisieren bleiben: Es scheitert an der Disziplin. Jaaa, sagst du jetzt, der Hund muss aber raus. Die Küche sieht aus wie nach einer Schlacht am Büfett und das Bußgeld muss noch überwiesen werden. Das Auto ist nicht getankt, und du müsstest dir dringend mal die Haare waschen? Das mag alles sein. Es sind sogar wichtige Haushaltsglück-Samenkörner. Doch damit aus Haushaltsglück buchstäbliches Erfolgsputzen wird, du also quasi beim Polieren der Armatur den Lottogewinn wie ein Magnet in dein Leben ziehst, muss das Visualisieren in diesem Szenario einen verlässlichen Platz bekommen.

Das glaubst du nicht? Zugegeben, der Begriff Lottogewinn ist eher symbolisch gemeint. Genauso wie man sagt, dass jemand das große Los gezogen hat, wenn ein Wunsch in Erfüllung geht. Wie hat er oder sie das bloß gemacht? Ganz einfach: Mit der haushaltsglücklichen Verknüpfungsmethode!

Hier bewegen wir uns jetzt natürlich im Fortgeschrittenenbereich. Bei der Verknüpfungsmethode widmest du dich im herkömmlichen Sinn dem Reinemachen einer Stelle oder Sache in deinem Haushalt – das ist der von außen sichtbare Teil. Jemand, der beispielsweise gerade bei Tante Hilde am Fenster vorbeigeht und aufdringlich hineinlugt, könnte sagen: Die Ziege putzt wieder. Was der Passant aber nicht weiß, ist, dass Hilde nicht blöd ist. Sie mag eine Ziege sein, doch das bloße Wort »putzen« wird ihrer Tätigkeit bei weitem nicht gerecht. Denn sie verknüpft den täglichen Abwasch nach dem Frühstück gezielt mit einem inneren Wunschbild: Der Vorstellung, wie sie auf dem Motorrad sitzt und eine wunderbare Frühlingstour macht. Und beim nächsten Mal geht's ab in die Provence. Die Lavendelfelder warten schon. Lange Zeit hat sie diesen geheimen Wunsch schnell abgetan, sobald er aufstieg. Aber dann wurde sie Eingeweihte der Möglichkeiten, die Haushaltsglück und Erfolgsputzen eröffnen können. Nach und nach ließ sie ihre Trauer darüber, dass der Motorradführerschein für immer ein Wunschtraum bleiben wird, weil … (und hier fielen ihr einhundertfünf Gründe ein), ein bisschen mehr los und stürzte sich stattdessen darauf, sich und ihrem Haushalt glänzende Zeiten angedeihen zu lassen.

Sie entsorgte die Zigarettenkippen aus allen Zimmern und lüftete durch. Sie riss die vergilbten Tapeten von den Wänden und tapezierte neu. Mit einer Motorradtapete im Schlafzimmer und einem Lavendelmuster im Wohnzimmer. Sie saugte, wischte, polierte und putzte, bis alles auf Vordermann war. Und jedes Mal, wenn sie das lila Mikrofasertuch in Händen hielt, war es sofort da: Das Bild von ihr, wie sie auf dem Motorrad in Richtung Provence düst. Es konnte auch schon mal vorkommen, dass sie beim Tapezieren Motorradlieder erfand. Zum Duschen nahm sie nur noch Lavendelschaum und wiederholte fortwährend ihr Mantra: »Ich fahre mit dem Motorrad in die Provence.« Nach drei Monaten hatte sie sich zum Motorradführerschein angemeldet. Und du hast dich noch gewundert, weil sie schon ewig nicht mehr genörgelt hat, dass du sie nicht zum Kaffee einlädst.

Am besten funktioniert das Visualisieren (gern verbunden mit dem lauten Aufsagen eines Kraftsatzes), wenn du dir mithilfe einer täglich wiederkehrenden Tätigkeit einen Reminder setzt. Ein Cerankochfeld kommt da gelegen, denn meist braucht es täglich eine Politur, und diese könntest du mit dem Visualisieren verbinden – so lange, bis deine Wunschbilder sich automatisch einstellen, sobald du ein Mikrofasertuch zur Hand nimmst. Auch das Ausräumen des Geschirrspülers eignet sich gut, fällt es doch des Öfteren wieder an. Beim Durchsaugen oder Rasenmähen lassen sich Kraftsätze oder Mantren hervorragend laut aufsagen, denn es hört ja dann keiner. Versuche diese Übungen und beobachte, wie sich die Weichen im Lauf der Wochen langsam in die gewünschte Richtung stellen. Tante Hilde schwört drauf und meint: »Man muss eben nur dranbleiben und darf es nicht wieder vergessen!«

Die Sache mit dem Haushaltsglück wird also immer besser. Es gibt Haushaltsglück für Anfänger und für Fortgeschrittene, man kann immer tiefer einsteigen – und das System wird immer ausgeklügelter. Ein kurzer Frischekick gefällig? Dafür reichen die Tipps im Vorwort. Haushaltsglück als neue Lebenseinstellung? Schon Kapitel 1 genügt als Leitfaden. Haushaltsglück zum Putzen mit effektivem Erfolgsnutzen? Dann bist du hier in Kapitel 2 richtig. In allen drei Fällen bringt dich Haushaltsglück schnell und zuverlässig auf eine neue Daseinsebene, auf der sich der Horizont merklich erweitert: Es ist wie eine Tür in ein besseres Leben – und wer hätte gedacht, dass selbst die Ziege das Geheimnis kennt?

Mit Haushaltsglück die Erfolgsverträglichkeit trainieren, Teil 1

Nun haben wir ausgiebig über Motivation gesprochen, und es ist unvermeidbar: So viel Motivation führt unweigerlich zu Erfolg. Der anfangs erwähnte Heißluftballon ist prall gefüllt und bereit abzuheben.

Der Erfolg ist in greifbarer Nähe, doch mit ihm kommt die entscheidende Frage: Sind wir ihm gewachsen? Werden wir ihn halten, ja ihn im buchstäblichen Sinne *aushalten* können?

Hinlänglich bekannt ist das Phänomen, dass viele Lottogewinner schnell wieder bankrott sind. Zuerst tritt das Unerwartete ein, das große Bonbon im goldenen Papier – getarnt als Hauptgewinn. Doch in Wirklichkeit ist es eine Prüfung für den Gewinner (nennen wir ihn Otto).

Ottos Heißluftballon schnellt so rasch in die Höhe, dass ihm ganz schwindelig wird. Er verliert das Gleichgewicht und kippt über die Reling. Wie soll er nun seinen Gewinn genießen?

Seite an Seite mit Erfolg zu leben,
will gelernt sein. Man darf ihn nicht
verschrecken, kaum dass er anklopft.
Und selbst wenn er eintritt, will er
bei der Stange gehalten werden.

– Haushaltsglück-Weisheit –

Wie hoch ist dein Erfolgsverträglichkeitslevel?

Der kritische Moment ist also der, an dem sich der Erfolg direkt vor uns platziert. Dies ist ein ernstes Thema, das dürfen wir keinesfalls vernachlässigen. Leider fällt es meist unter den Tisch, obwohl es für dauerhaftes (Haushalts-)Glück unverzichtbar ist:

Viel zu oft wird dieses Detail übersehen: Der Hollywoodfilm endet, wenn die Liebenden sich gefunden haben, doch was passiert eigentlich danach? Das Foto wird geschossen, als Otto sein Geld entgegennimmt, aber keiner ahnt, dass schon ein Vierteljahr später nichts mehr davon übrig ist. Warum? Er konnte den Gewinn nicht in sein bisheriges Leben einsortieren, ihm dort keinen Platz geben: Er war nicht in der Lage, seinen Erfolgsverträglichkeitsregler anzupassen, denn er weiß gar nicht, wie das geht.

Dabei ist es denkbar einfach, und die Lösung für dieses Problem ist zum Greifen nahe. Rate mal, wo sie liegt? Schau dich um, was siehst du? Genau, das Frühstücksgeschirr, das in die Maschine geräumt werden will. Stimmt nicht? Ach, dein Blick ist gerade auf das Unkraut gerichtet, das in der Einfahrt wuchert? Beide Fälle – und für weitere seien deiner Fantasie keine Grenzen gesetzt – bieten dir die wunderbare Chance, deinen Erfolgsverträglichkeitsregler auf sanfte Weise nach oben zu verschieben.

Du führst für einen Zeitraum von fünf bis fünfzehn Minuten eine harmlose Haushaltstätigkeit aus, bei der du dich kurz vor – oder spätestens kurz nach – der Erfolgsnachricht wieder erden und gedanklich klären kannst. Denn es gilt jetzt dringend, das Szenario mental vorzubereiten, bevor es ernst wird. So als ob du das Hochbeet mit bester Bio-Blumenerde füllst, bevor du die frischen Kräuter einpflanzt.

Natürlich kannst du dich auch hinsetzen und meditieren. Aber Hand aufs Herz, die meisten von uns machen es nicht. Es scheint irgendwie leichter, wenn unsere Hände beschäftigt sind. Auch aus dieser Sicht ist eine haushaltsglückliche Tätigkeit manchmal unbezahlbar.

Während du also Unkraut zupfst, hier ein paar Impulse, die du zur mentalen Klärung bewegen könntest:

- Bist du dem Erfolg, den du ersehnst, auch gewachsen, wenn er in Kürze vor der Tür steht?
- Bist du bereit, dafür in deinem Leben den notwendigen Platz (und die notwendigen Zeiträume) einzurichten?
- Dein Erfolg wird dich verändern (das kann im ganz kleinen Rahmen sein oder im großen). Siehst du dich als diese veränderte Person und magst du dich so?
- Jede Medaille hat zwei Seiten. Mit dem Erfolg können auch neue Herausforderungen kommen. Auch der gewonnene Jaguar braucht in Kürze eine Wartung, die bezahlt werden will. Auch in der neuen Beziehung wird es den ersten Streit geben. Auch der zauberhafte Blumenstrauß wird dir Arbeit machen, weil er frisches Wasser braucht und frisch angeschnitten werden will. Bist du dir darüber im Klaren und willst du die Verantwortung auf dich nehmen?

Es kann so einfach sein. Nein wirklich, es ist nicht kompliziert. Gehe in dich und kläre, wie du zu deinem anvisierten Erfolg stehst. Und kommt er überraschend, dann zupfe erst Unkraut und nimm ihn dann entgegen. Die paar Minuten lassen sich immer zwischenschieben. Und das gewonnene Auto erstrahlt in noch größerem Glanz, wenn die Einfahrt frei von Unkraut ist.

So weit klar?

Mit Haushaltsglück die Erfolgsverträglichkeit trainieren, Teil 2

Halten wir also fest: Unmittelbar nach Eintreffen einer positiven Nachricht, unmittelbar nach dem Moment, in dem der Glückspfeil dich trifft, folgt eine sehr fragile, höchst sensible Phase, die es achtsam zu überbrücken gilt. Du musst deine überschüssige Energie ablassen und zugleich dein inneres Akzeptanzlevel für Erfolge hochfahren – so wie das Wasserniveau innerhalb einer Schleuse angeglichen wird, damit das Schiff seinen Weg fortsetzen kann.

Manche von uns gewinnen aber nicht jede Woche ein neues Auto, wendest du ein? Gut, dann beleuchten wir das Ganze zur Sicherheit noch mal auf einem alltäglicheren Level, doch in beiden Fällen weißt du, wie's gemeint ist, oder?

Also angenommen, dein Blick aus dem Küchenfenster führt zur Schlussfolgerung, dass die Müllabfuhr beim dritten Anlauf tatsächlich die komplette Pappe mitgenommen hat, die ja im Garten rumliegt, seit damals die neuen Holzmöbel für die Terrasse geliefert wurden. Möbel auspacken, Tische, Bänke und Stühle montieren – ein anstrengender Tag. Und am Ende blieb ein riesiger Berg aus Pappe übrig. Den Mittelteil der Geschichte kennst du bereits, doch lenken wir den Fokus jetzt präzise auf den Dreh- und Angelpunkt:

Was passiert, wenn die Pappe weg ist? Was passiert, wenn der Erfolg sich eingestellt hat?

Was passiert, wenn der Fachmann für defekte Regenrinnen, den du seit Wochen ersehnst, pünktlich vor der Tür steht und valide Abhilfe schaffen kann? Wenn längst überfällige Korrespondenzen plötzlich flutschen und lästige To-dos sich in Luft auflösen? Wenn die Terrasse glücklich strahlt, weil ihr die neuen Möbel so gefallen, oder wenn dein Akku-Staubsauger Gesangsstunden nimmt, weil er dich mit *Somewhere Over the Rainbow* überraschen möchte? Wenn auf dem Küchentisch ein Überraschungsblumenstrauß steht und der Briefkasten eine Gewinnbenachrichtigung für dich bereithält?

Genau. Du denkst: »Das kann doch alles nicht wahr sein!« Du freust dich zwar, doch dein System steht kurz vor dem Overload, weil es schlichtweg überfordert ist. Wohin jetzt mit all der überschüssigen Energie?

Daran hat wieder keiner gedacht. Schließlich bist du seit Jahren darauf trainiert, dass alles stets länger dauert als erwartet. Dass zu hohe Rechnungen in unpassenden Momenten kommen, dass gelungene Kaffeepausen rar und gute Gespräche noch rarer sind. Dass Konsum doch nicht glücklich macht, obwohl du immer wieder in dieselbe Falle tappst, und dass Hektik und übervolle To-do-Listen wohl dein täglich Brot sein müssen. Dabei hattest du dir ein Leben in allerhand bunten Farben voller Muße, Freiheit und Freude ausgemalt.

Traurig? Brauchst du nicht sein. Denn jetzt bist du doch im Haushaltsglück angekommen – und auch in dieser kleinen Notlage fängt es dich wieder auf.

Wir wissen bereits: Eine Einheit von fünfzehn Minuten Reinemachen ist angeraten, um in Balance zu bleiben, wenn du nach einem unerwarteten Erfolgserlebnis kurzzeitig aus deiner Mitte gerätst. Denn damit fängst du zunächst mal den Energieüberschuss auf. Während des Putzens wiederholst du auch gern laut und bestimmt den Satz: »Ich heiße den Erfolg willkommen! Ich heiße den Erfolg willkommen!« Nur nicht aufhören! Denn mittlerweile durchschauen wir die Tücke des Erfolgs-Schwellen-Moments: Er bringt unser System durcheinander, so dass wir uns eine Übergangszeit einräumen müssen, um uns neu zu sortieren. Gesagt, getan – und schon ist die Kuh vom Eis.

Geben wir uns diese Übergangszeit jedoch nicht, essen wir vielleicht aus lauter Verwirrung eine Tafel Schokolade auf einmal, ohne nachzudenken. Die Übelkeit kommt bestimmt – und trübt damit den Tageserfolg. Oder die Erfolgsstimmung lässt uns so übermütig werden, dass wir den Paketboten unwirsch anmeckern, so dass dieser unsere Pakete das nächste Mal absichtlich falsch zustellt. Oder fallen lässt. Und schon haben wir wieder einen Antierfolg. Stell dir vor, du fällst Hilde am Telefon unsanft ins Wort, was ihr gewaltig gegen den Strich geht, und sie streicht dir den Weihnachtsbonus. Oder du kommentierst naserümpfend die Gesangskünste deines Akku-Staubsaugers, was er natürlich hört. Umgehend stoppt er seine Bemühungen. Dabei wollte er dich heute mit einem neuen Lied überraschen. Ganz ohne dein Zutun wollte sich so viel Erfolg für dich aufbauen, doch in einer Laune des Überschwangs und der Achtlosigkeit kannst du deine Erfolgswelle versehentlich schnell wieder retour schicken.

Dann doch lieber Szenario Nummer zwei: Du gibst deinem System ein paar Impulse und etwas Übergangszeit, um sich den Erfolgsumständen anzupassen. Du übst dabei auch, nicht gleich in überschwängliche Glücksaufregung zu verfallen, sondern ruhig zu bleiben. Und diese Haltung musst du auch in puncto Erfolg annehmen: »Dankeschön, ich habe es erwartet und nun ist es eingetroffen. Wurde ja auch langsam Zeit – und nun fege ich schnell mal die Einfahrt.« Oder du räumst noch fix die Werkstatt auf. Danach kannst du dich deutlich geerdeter fühlen, nur eben auf einem höheren Level: Dein System hat den Erfolg eingespeist. So soll es sein. Ein schöner Espresso könnte jetzt auch nicht schaden.

Freue dich über Erfolge,
aber flippe auch nicht gleich aus.
Du schreist ja auch nicht »Halleluja«,
bloß weil Strom aus der Steckdose kommt.

– Haushaltsglück-Weisheit –

Je mehr du dich auf Erfolg trainierst, umso weniger Übergangszeit brauchst du übrigens, um dich nach einer positiven Nachricht innerlich wieder zu fangen: Für Fortgeschrittene kann schon eine Entkalkung des Wasserkochers (Zeitaufwand ca. drei Minuten) ausreichen, um den Erfolgsverträglichkeitsregler hochzufahren. Dieses Hochfahren wird im Laufe der Zeit zur Routine, und das wollen wir erreichen, da wollen wir hin: dass wir eine Erfolgsmeldung ohne größeren Schaden mühelos wegstecken. Denn stellen wir uns vor, was das bedeutet: Selbst drei bis vier gute Nachrichten auf einmal könnten wir im Vorbeigehen verdauen, ohne die Contenance zu verlieren. Erfolg einzuhamstern wird dann für uns geradezu ein Spaziergang. Und wer viel und gern spazieren geht, der wird nicht mehr darauf verzichten wollen, oder?

Selbstwert und Erfolgsverträglichkeit

Einen wichtigen Punkt gibt es noch: Dein Erfolgsverträglichkeitslevel hängt nämlich auch entscheidend von deinem Selbstwertgefühl ab. Wusstest du das? Wenn du selbst der Meinung bist, dass du den Wohlklang von *Somewhere Over the Rainbow* überhaupt nicht verdient hast, dann kann sich dein Akku-Staubsauger noch so sehr anstrengen. Er wird es nicht hinbekommen. Mit deiner Einstellung bremst du dann schon im Vorhinein melodische Höhepunkte aus – und falls sich doch mal einer zu dir verirrt, dann wird er sich kaum häuslich einrichten, weil du ihn quasi energetisch anbrüllst: »Nicht bei mir! Hier ist kein Platz für dich! Wir passen einfach nicht zusammen!«

Wenn du innerlich mit dir haderst, ob du es wert bist, im Büro den Extrabonus vom Chef zu erhalten, dann riskierst du, dass sich dieser Gedanke auch bei ihm einschleicht. Gerade noch sah alles so gut aus und er hat dich über den grünen Klee gelobt, doch dann kommt Torben Kaminski mit einer Bombenidee und erklärt sich auch noch bereit, das Projekt trotz des eingereichten Urlaubs sofort umzusetzen. Der Chef ist hin und weg, und die Sache ist doch klar: Der Bonus muss an Torben gehen. Mal schauen, vielleicht bist du ja nächstes Jahr dran.

Es wird nicht besser, indem Hilde noch ein Messer in die Wunde rammt: »Da bist du selbst schuld. Was spielst du auch das graue Mäuschen. Sei doch mal selbstbewusster!«

Als ob das so leicht wäre. Soll man einfach einen Knopf drücken? Und wenn ja, wo ist er? Du hättest dir von Hilde zumindest etwas Mitleid gewünscht. Aber hast du ernsthaft angenommen, sie hört dir geduldig zu und findet auch noch ein aufbauendes

Wort? Nein, das hast du nicht. Warum in aller Welt hast du sie dann angerufen? Es liegt auf der Hand: Weil du insgeheim glaubtest, nichts Besseres als Ziegenbitterkeit verdient zu haben.

Der Ansatz für eine sofortige Zufriedenheitssteigerung lautet Selbstliebe, denn wie gesagt: Ohne Selbstliebe keine Erfolgsverträglichkeit und kein Haushaltsglück. Willst du das? Nein. Gut, dann wäre das ja auch geklärt. Unglaublich, wie gut wir heute vorankommen!

Überall lässt sich Liebe finden, und erst recht dort, wo immer die Lösung liegt: zu Hause.

– Haushaltsglück-Weisheit –

Schauen wir uns mal um: Der Sessel wartet liebevoll darauf, dass wir uns entspannt hineinfallen lassen. Die Kaffeemaschine steht schon zu Diensten für unseren nächsten Kaffee (na ja, nicht ganz, sie zeigt gerade an, dass sie entkalkt werden muss). Der Briefkasten geht wieder mal schwanger mit lauter Rückzahlungen, Gewinnen und Liebesbriefen und die Fenster halten beherzt die kalte Winterluft von draußen ab und spenden uns Gemütlichkeit. Ja, sie müssten bei genauerem Blick mal wieder geputzt werden, doch mal ehrlich: In Zeiten von Herbst- und Winterstürmen – oder wenn man in Ostfriesland wohnt und das ganze Jahr Sturm hat – sehen die Fenster einen Tag später wieder genauso aus. Also was soll's. Gelassenheit gehört auch zu Liebe. Oder liebst du deine Fenster weniger, nur weil sie nicht perfekt aussehen? Wie bitte – du liebst deine Fenster überhaupt nicht? Da haben wir es. Jetzt sind wir am Kern des Problems. Und hier die Lösung: Verzichte mal einen Tag lang auf deine Fenster, lass die Jalousien unten und dann sprechen wir uns wieder.

Übe, Zuneigung und gute Dinge anzunehmen, denn sonst wird selbst der Erfolg erfolglos versuchen, sich dir anzubieten. Verliebe dich haushaltsglücklich in dein Leben, und öffne dich für glänzende Möglichkeiten. Oder, wie Tante Hilde sagen würde: »Sei doch einfach mal ein bisschen flexibel. Das kann doch nicht so schwer sein!«

Kapitel 3

Ballast abwerfen

Wer eine Ballonfahrt unternehmen will (siehe Kapitel 2), muss Ballast zurücklassen. Er kann nicht noch stundenlang überlegen, ob das Klavier vielleicht noch mitkann oder wenigstens der Thermomix oder die ganzen Online-Bestellungen, die heute noch ankommen sollen.

Ist der Ballon startklar, wäre es ebenfalls riskant, die Fahrt noch aufzuschieben, bloß weil man noch eben schnell das neueste iPhone holen oder den Maniküretermin wahrnehmen will. Weil es heute nicht so passt, aber morgen vielleicht. Eine Balloneinladung gilt hier und jetzt, und sie fordert uns auf ganzer Linie. Entweder wir können aus vollem Herzen ja sagen oder sie schwebt vorbei, weil sich offenbar niemand für sie interessiert.

Was uns belastet, erleichtert unser Leben nicht – das leuchtet ein. Wer verstrickt ist in Verbindlichkeiten, ist im richtigen Moment nicht flexibel. Wer sich ständig beschwert, macht sich das Leben nicht leichter – ein Wortspiel voller Wahrheit, nicht wahr? Langer Rede, kurzer Sinn: Wir müssen uns immer wieder entscheiden, was wir uns im Leben auf die Schultern packen. Woran wir uns buchstäblich ketten lassen und wofür wir unsere Zeit verwenden wollen.

Gut, denkst du dir, dann wirst du morgen im Plausch mit den Kollegen mal nur Gutes über den Chef sagen. Und heute Abend wirst du der Tante mitteilen, dass du nie wieder Boeuf Stroganoff unter ihrer Anleitung kochst, während sie dich die ganze Zeit kritisiert und am Ende so viel isst, dass für die Familie kaum was übrig bleibt. Du wirst fünf Kilo verlieren, indem du die Abendmahlzeit künftig durch Meditation ersetzt, und du wirst im Haus ausmisten, was das Zeug hält, um dich von allem möglichen Ballast zu befreien.

Denn beschwerende Lasten wiegen doppelt schlecht, wenn man bedenkt, dass sie uns nicht nur von dem abhalten, was wir gerne tun und wer wir gerne sein möchten. Sie belegen auch noch einen Großteil unserer Energie und halten sie gefangen! Es macht ja auch keinen Spaß, mit einem Computer zu arbeiten, dessen Speicherplatz von vornherein zu 98 % belegt ist: Das ist ungünstig, davon müssen wir weg.

Denn als ob Ballast in Schränken und Regalen nicht schon genug nerven würde, gesellen sich Ballastprobleme noch auf allen möglichen Ebenen dazu: mental, emotional, sozial, organisatorisch und kommunikativ, also eigentlich überall.

Vielleicht war es bisher so, dass du stillschweigend alle Lasten mit dir herumgeschleift, sie auf deinen Schultern getragen und sogar noch geduldig hinter dir hergezogen hast. Vielleicht ist es dir nicht einmal aufgefallen, weil du dachtest, es sei normal, dass Belastungen aller Couleur – eine Blockade hier, ein Schuldgefühl da, ein Minderwertigkeitsgefühl gestern und ein Bereuen heute, ganz zu schweigen vom Grauen vor Montag, der Erschöpfung am Donnerstag und der Antriebslosigkeit am Sonntag ... Also wo waren wir stehen geblieben? Ach genau: Vielleicht war es so, dass sich Lasten aller Art eingeschlichen haben und unbemerkt von dir geblieben sind. Du wundertest dich bloß von Zeit zu Zeit, warum dein Ballon nicht fliegen will.

Mit dieser Feststellung kommen wir der Lösung des Problems erheblich näher. Es gilt von nun an, dem Lotterleben der Lasten einfach mehr Kontrolle angedeihen zu lassen. Es kann einfach nicht sein, dass im Lastenbereich jeder machen kann, was er will. Wer oder was ungebeten zu Besuch gekommen ist, wird ab jetzt konsequent wieder hinauskatapultiert. Und wer in Zukunft kommen oder sich einbuchen will, muss vorher einen Test machen: einen Belastungstest. Liegt ein positives Ergebnis vor (also: ja, hier handelt es sich um eine Belastung), dann wird die Tür nicht aufgemacht. Denn wir müssen uns klarmachen: Es ist deutlich leichter, mal eben kurz eine Belastung reinzulassen, als sie hinterher wieder loszuwerden. Den Beispielen sind keine Grenzen gesetzt, denke bloß mal an ... und an ... Ach, das wollen wir uns gar nicht ausmalen! Die Stellen mit den Pünktchen kannst du selbst auffüllen. Hier ist also äußerste Vorsicht geboten.

Und nun zurück zum Ballast, der sich bereits bei uns einquartiert hat. Gehen wir ihm an den Kragen, denn wir stehen ja, im übertragenen Sinn, im Ballonkorb und wollen Bewegung ins Spiel bringen. Und ganz praktisch betrachtet stehen wir zum Glück mit beiden Beinen dort, wo natürlich immer die Lösung liegt: zu Hause.

Die Lösung liegt zu Hause

Rufen wir uns kurz in Erinnerung, dass wir uns mitten in einem Buch über Haushaltsglück befinden: Hier haben wir schon die eine oder andere Überraschung erlebt, deshalb dürfte der Eintausch von Ballast gegen neuen Schwung, Glück und Erfolg auch kein Problem sein. Widmen wir unsere Putz- und Aufräumtätigkeiten jetzt also vertrauensvoll der Entrümpelung auf allen Ebenen – dann wird das Universum uns belohnen.

Wir hatten es in Kapitel 1: Schau dir an, wie es BEI dir aussieht, dann weißt du, wie es IN dir aussieht. Was folgern wir daraus? Wenn wir in unserem Zuhause Ballast entsorgen und mehr Ordnung und Klarheit schaffen, müsste sich das nach dem Resonanzgesetz auch in unserem Lebensgefühl und damit wiederum in unseren Lebensumständen bemerkbar machen. Ganz so, als stünden lauter Spiegel beisammen, die sich gegenseitig spiegeln.

Räume ein paar Fächer leer,
damit der Erfolg dort Einzug nehmen
kann – dann stehst du nicht da
wie ein überlaufendes Fass,
wenn es so weit ist.

– Haushaltsglück-Weisheit –

Damit, dass beispielsweise die spontane Entsorgung deiner verstaubten Überraschungseifiguren ganz neue Lebensenergie freisetzen würde, hättest du nicht gerechnet. Oder dass die Weitergabe deines Indianerkostüms von Fasching eine ganze Kette an Folgeereignissen nach sich zieht:

1. Plötzlich war ein Kleiderschrankfach frei.
2. Daraufhin bekamst du Lust, deine Garderobe aufzustocken, und hast das Fach mit schicken neuen Teilen aufgefüllt.

3. Daraufhin warst du zum Mittags-Hunde-Gassi so gut gekleidet unterwegs, dass der Filmproduzent, der mit seinem Dalmatinerwelpen nur mal kurz zum Pipi vor die Tür wollte (also der Hund, nicht er), dich von weitem entdeckt hat und seinen Blick nicht mehr von dir wenden konnte.
4. Er engagierte dich vom Fleck weg für seinen nächsten Film. Ob du eine Indianerin spielen könntest? Du verneinst, da du ja gerade dein Kostüm weggegeben hast. Nicht schlimm, entgegnet er, dann spielst du eben die Prinzessin.

Oder richten wir unseren Blick auf das hingebungsvolle Ausmisten des Kinderzimmers, das ganze fünfundzwanzig Dinge zutage bringt, die das Kind nicht mehr will, die du selbst aber von Herzen begehrst: einige noch neu aussehende Ikea-Stehordner, einen Schlüsselring und zwei tadellose Fineliner-Stifte, die ihr Dasein bereits im Papierkorb fristeten. Ein Haargummi (Kind findet die Farbe doof) und ein wunderbarer Schreibblock (»So was nehmen wir in der Schule nicht!«). Sei's drum! Du sparst zehn Euro fünfzig, weil die Neuanschaffung dieser Dinge entfällt, ach nein, dreißig Euro fünfzig, die Inflation des letzten Jahres eingerechnet. Das Geld investierst du in die Aktie einer vielversprechenden Newcomerfirma, die innerhalb von einem Monat geradezu explodiert. Und von dem Erlös gibt's ein neues Designersofa.

Übertrieben? Na, halten wir doch lieber fest:

Es liegt stets im Auge des Betrachters,
was er für möglich hält.
Haushaltsglück an sich ist grenzenlos.
– Haushaltsglück-Weisheit –

Außer wir setzen uns die Grenzen selbst, aber warum sollten wir das tun? Ebenso wenig, wie jemand mit Verstand an den grenzenlosen, fabelhaften Möglichkeiten des Universums zweifeln würde, oder? Ein bis zwei haushaltsglückliche Aufräum- oder Entsorgungsaktionen vor dem Erfolgsespresso können dein Leben in neue Bahnen lenken – einfach dadurch, dass haufenweise Energie freigesetzt wird, die vorher gebunden war und hilflos schlummerte. Wo? In Schränken, Regalen und Köpfen, in Terminkalendern und Adressbüchern, in Erinnerungen, Gefühlen, Gedanken, Gewohnheiten und vielem mehr. Also einfach mal wieder ein bisschen Platz schaffen – und am besten fangen wir mit ein paar Kleinigkeiten an.

Ein einfacheres Leben

Vereinfache, vereinfache! Mit diesem Ausspruch macht Henry David Thoreau bis heute von sich reden. In seinem Essay *Walden* beschäftigt er sich, wenn auch schon vor gut 170 Jahren, so ausführlich mit der Vereinfachung, dass er beschließt, sein Leben aufs Notwendigste zu reduzieren. Er zieht in eine kleine, von ihm zu diesem Zweck sogar selbst gezimmerte Hütte am See – um das Leben an sich zu erfahren. Nur drei Stühle hat er dort – einen für die Einsamkeit, zwei für die Freundschaft und drei für die Gesellschaft. Wie übersichtlich – und drei Stühle sind immerhin schnell geputzt. Keine überflüssigen Tätigkeiten anhäufen, denn sie sind – richtig: Lasten.

Aber wie schön wäre ein großer Pool im Garten! Und wie schnell haben wir der Idee unser Herz, die Tür und den Geldbeutel geöffnet. Doch die Wartung und das Sauberhalten haben wir unterschätzt. Daran hat mal wieder keiner gedacht. Der Pool ist nun da, so weit, so gut, aber heute nutzen wir ihn mal nicht, das macht immer so viel Arbeit. Heute gönnen wir uns einen Luxus: Wir spannen einfach nur aus! Es ist also etwas Wahres dran: Wer abheben will, darf sich nicht selbst vorher am Boden anketten. Erfolg bedeutet – wir erinnern uns –, dass sich der Prophet zum Berg bewegt, denn andersrum wird das wohl nichts.

Wenn der Prophet zum Berge
wandern will, sollte er sich keine Steine
in den Rucksack packen!

– Haushaltsglück-Weisheit –

Wenn du dich freust, dass deine Zahnpastatube leer ist, und du Erleichterung dabei verspürst, dich ihrer zu entledigen, dann solltest du aufmerken: Das ist ein deutliches Zeichen für deine tiefe Sehnsucht, viel mehr als nur die Tube in deinem Leben loszuwerden.

Weitere Testfragen:

Du hast mehr Vergnügen am Entsorgen als am Einkaufen?
○ Ja ○ Nein

Die Leerung der Restmülltonne ist dir ein Glas Sekt wert?
○ Ja ○ Nein

War die Antwort zweimal ja, dann teste jetzt noch deine Reaktion bei folgendem Szenario:

Ein Mitarbeiter vom Recycling-Kaufhaus soll heute zu dir kommen, um dir ein paar ausrangierte Möbel abzunehmen. Als er die

Sachen abholen will, steht zeitgleich mit ihm der Amazon-Bote vor der Tür, beladen mit drei Paketen.

Nun die entscheidende Frage: Über wen freust du dich mehr?

Tatsächlich sind beide so gut aufgelegt, dass du erst mal eine Runde Kaffee kochst und es als willkommene Abwechslung nimmst, dir die Geschichten der beiden anzuhören. Der Möbelabnehmer braucht die Sachen für eine Kundin, die aus Versehen so viel ausgemistet hat, dass ihr nun einiges fehlt. Gleich in der Nachbarstraße fährt er noch einen Staubsauger abholen, den er online auf Kleinanzeigen entdeckt hat. Der Amazon-Bote hat heute nur noch 597 Pakete abzugeben und fühlt sich prächtig: Am Ende des Tages wird er allen Ballast los sein. Kaum zu glauben, wie viele Menschen sich mit Eifer auf die verteilten Pakete stürzen, um am bunten Treiben des An- und Ausprobierens, des Retoureverpackens und Ringens um die korrekte Rückerstattung des Kaufbetrags – oder doch lieber einer Ersatzlieferung – teilzunehmen, aber das ist nicht mehr sein Problem. Er möchte das Zeug nur loswerden und zum Feierabend die Musik in seinem Transporter aufdrehen. Wieder bergeweise Gewicht abgeladen. Wieder kartonweise Belastung abgegeben: An guten Abenden breitet sich im Auto eine friedvolle Leere aus. Eine Klarheit und Ruhe. Theoretisch könnte man den Wagen jetzt sogar mal sauber machen – wie einen Kühlschrank, der gerade zufällig mal leer ist, so dass er sich endlich mal vernünftig putzen lässt. Erst jetzt entdeckt man den ganzen Schmutz und – oh je – sogar Schimmel? Hat es tatsächlich die ganze Zeit so ausgesehen? Wie konnte ich damit leben?

Entsorgungssehnsüchte deuten auf tiefere Prozesse hin, darauf, dass unsere Seele den leeren Kühlschrank sehen will, damit wir endlich mal ein *deep cleaning* machen können, eine Tiefenreinigung weit unter der sichtbaren Oberfläche. Und wenn nichts im Kühlschrank ist, kommen wir abends auch nicht mehr auf die Idee, noch etwas zu essen. Das ist es: ein einfacheres Leben! Verzichten wir doch testweise mal auf jeden Schnickschnack und konzentrieren uns auf das Wesentliche.

Mutter: Das hab ich mir alles bestellt, denn ich wollte mal so richtig im Luxus schwimmen!
Kind (mit Lachanfall):
Jetzt schwimmst du in Retouren!
– Haushaltsglück-Begebenheit aus dem wahren Leben –

Wer bin ich und was lenkt mich davon ab?

Im Film *Cast Away – Verschollen* strandet der FedEx-Manager Chuck Noland nach einem Flugzeugabsturz allein auf einer unbewohnten Insel. Nachdem tagelang niemand vorbeikommt, wird ihm klar, dass er lernen muss, hier auf sich gestellt zu überleben: Schritt für Schritt muss er anfangen, sich auf das Existenzielle zu konzentrieren.

Und wie schaut's bei dir so mit dem Existenziellen aus? Heute schon mal darüber nachgedacht?

Ach so, du hattest noch keine Zeit, denn du hast ganz andere Sorgen. Die FritziBox blinkt eifrig, um dir mitzuteilen, dass das WLAN eine Störung hat, und du gerätst in Panik: Seit das Kind Homeschooling macht, sind die Lehrer uneinsichtig bei unpünktlichem Erscheinen zur Videokonferenz. »Das wird dann gewertet wie unentschuldigt gefehlt«, warnte unlängst Lehrer Müller. Das FritziBox-WLAN-Problem muss also schnellstens gelöst werden, auch wenn du eigentlich gerade gemütlich frühstücken und ein bisschen lesen wolltest.

Du loggst dich via Handy im Profil der FritziBox ein, wo man dir mitteilt, dass auch das Festnetz lahmgelegt ist. Sie müssen nur eine neue Telefonverbindung anlegen, informiert dich eine aufgerufene Hilfeseite. Na, das lässt sich doch machen, man muss nur eben schnell mal rausfinden, wie das geht. Du wählst die Fritzi-Box-Service-Hotline und stellst das Handy auf Lautsprecher: »Herzlich willkommen. Sie befinden sich momentan auf Platz 11 der Warteliste.« Na wunderbar, das kann sich ja nur noch um Stunden handeln. Zur Warteschleifenmusik gesellt sich alsbald die Haustürklingel: Der Bote bringt schon wieder drei Pakete. Während du sie entgegennimmst, flutscht der Hund durch die Tür, um bester Laune in die Freiheit zu traben. Auch das noch! Jetzt ist schnelles Handeln gefragt: Du wirfst dir eine Jacke über den Pyjama – zum richtig Anziehen war heute noch keine Zeit – und schnappst dir ein paar Hundeleckerlis. Der Hund hindert derweil den Nachbarn mit siegessicherem Gebell daran, ins Auto zu steigen. Mit aller Willenskraft wedelst du mit dem Leckerli und lockst die Fellnase wieder zu dir. Da macht man was mit! Du klemmst den Hund unter den Arm und schenkst dem Nachbarn dein schönstes Lächeln.

Jetzt also schnell zurück zur FritziBox! Vielleicht noch kurz raus aus dem Pyjama und rein in die Jeans, wenn – ja wenn die Haustür nicht in der Zwischenzeit zugefallen wäre. Du kannst zwar nicht rein, aber hörst von draußen, wie die Warteschleifenmusik am Telefon abrupt endet und eine genervte Stimme ertönt: »Und was ist bei Ihnen defekt?«

Zugegeben, wer will dir in dem Chaos einen Vorwurf machen, dass du heute noch nicht über das Existenzielle nachgedacht hast? Was Leben eigentlich für dich bedeutet und was dich davon ablenkt. Genau genommen hast du ja gerade eine sehr präzise Vorstellung davon bekommen, was dich alles ablenkt. Und dass diese Ablenkungen in unzähligen Variationen, Formen und Verpackungen täglich wiederkehren. Du bist längst so daran gewöhnt, dass du dir, sollte mal keine Ablenkung anklopfen, selbst eine suchst. Es muss ja schließlich alles seine Ordnung haben!

Zudem ist das Existenzielle ja nun auch nicht so einfach abgefrühstückt. Was bleibt denn von uns, wenn wir mal alles Überflüssige weglassen? Schwer zu sagen, schließlich türmt sich seit der Geburt (wenn nicht schon davor) ein Berg von Besitz und Verpflichtungen um uns auf, von Möbeln und Papieren, Tassen, Löffeln und Smartphones. Dazu kommen Steuererklärungen und gelbe Säcke, Kreditvereinbarungen, Stricknadeln und vieles mehr, bis aus all diesen Sachen gerade noch zwei Arme und ein kleiner Kopf herausragen. Bitte mit den Armen immer schön in Bewegung bleiben: Dann besteht vielleicht noch Hoffnung, dass wir uns ein wenig freischaufeln, bevor es zu spät ist.

Doch wo warst du stehen geblieben? Ach richtig, vor der verschlossenen Haustür. Zum Glück hört das Kind die Haustürklingel, lässt dich samt Hund hinein und hat sich in der Zwischenzeit prächtig mit dem netten Mann von der FritziBox unterhalten. Er ist noch in der Leitung: »Nettes Kind«, sagt er. »Also was ist bei Ihnen defekt?«

Das ist zu viel. So direkt fragt wirklich selten einer nach. Dir kommen die Tränen und es bricht aus dir heraus: »Meine To-do-Liste quillt über, ich habe noch nicht mal gefrühstückt und bin schon wieder komplett aus dem Zeitplan. Ehrlich gesagt weiß ich überhaupt nicht mehr, weshalb ich angerufen habe.«

Haltet ein!

Also gilt es, sich erst mal wieder auf das Ursprüngliche zu besinnen. Was ist eigentlich wirklich wichtig? Was ist unsere Energie wirklich wert? Und: Führt uns das, was wir tagein, tagaus tun, denn auch in die Richtung unserer tiefen Wünsche und Ziele? Wenn nicht, vernehmen wir bei genauem Hinhören eine durchdringende Stimme: »Halt!«, ruft Thoreau uns aus 170 Jahren Entfernung zu. »Haltet ein!« Warum scheinbar so schnell und doch so tödlich langsam? Mit anderen Worten: Stets in Eile, doch unterwegs in die völlig falsche Richtung. Vielleicht sogar ohne es zu merken? Da nutzt auch die größte Effizienz und das beste Durchhaltevermögen nichts. Denn wer will schon als Erster am falschen Ziel sein?

Freunde, es wird Zeit zu hinterfragen, was wir eigentlich den ganzen Tag tun – und warum. Denn vertane Zeit kommt nicht zurück. Mit Ballast oder sinnlosem Kram belagerte Stunden sind schlichtweg verloren.

Wer will schon als Erster
am falschen Ziel sein?

– Haushaltsglückliche Testfrage –

Kleiner Kurs in Tagesplanung

Nehmen wir also an, deine To-do-Liste für den Tag quillt mal wieder über. Du jonglierst mit zig Anforderungen, von denen die meisten zu Boden gehen, weil du sie nicht schnell genug auffängst. Dein Tag hat irgendwie keine gute Struktur.

Klarer Fall: Von der Liste muss Ballast abgeworfen werden. Alles, womit du nicht direkt oder wenigstens indirekt auf deine Ziele und Wünsche hinarbeitest, kann weg.

Wäge zum Beispiel ab, ob die Punkte drei und vier deiner To-do-Liste in Wahrheit überflüssig sind, ob du Punkt sechs nur tust, weil jemand anders es so möchte, oder ob Punkt neun im Grunde Quatsch ist.

Für die Abarbeitung der noch übrigen Punkte hast du nun zwei Möglichkeiten:

Möglichkeit 1: Du nimmst schweißgebadet die drei härtesten Punkte deiner To-do-Liste in Angriff und versicherst dir dabei immer wieder laut und deutlich: Den Rest schaffe ich heute auch noch. Egal, wie viel es noch ist. Ich reiße mich zusammen, schließlich ist das hier alles kein Spaß.

Sport und das selbst gekochte Mittagessen fallen flach, dafür ist keine Zeit. Am Ende des Tages stehen immer noch dreizehn Punkte auf der Liste, bloß fühlst du dich jetzt auch noch müde und hast Kopfschmerzen. Nur eines stimmt: Es ist alles kein Spaß.

Möglichkeit 2: Vertausche auf deiner To-do-Liste die Prioritäten.

Ja, du hast richtig gehört! Nehmen wir also an, auf der Liste steht eine Grundreinigung fürs Büro, die längst überfällig ist, eine halbe Stunde Trampolintraining und Kochen fürs Freitagsfamilienessen. Gleichzeitig aber auch noch drei Stunden Lernen für die Ausbildung sowie zwei Stunden Papierkram, der dringend erledigt werden muss und auf den du natürlich keine Lust hast. Am wenigsten wichtig erscheint? Richtig, im ersten Moment die Grundreinigung des Büros. Die ist schließlich bloß für dich selber, da wartet keiner drauf. Und dann? Na ja, Sport kann heute mal ausfallen. So wie eigentlich die ganze Woche – oder waren es Wochen? Und kochen? Na, dann gibt's eben später was – oder jeder macht sich selbst was. So weit die Überlegung bisher.

Doch nach dem Prioritäten-Vertauschungs-Prinzip bedeutet das nun: Trotz Zeitmangel beginnst du mit dem Büro. Du putzt die Fenster und den Schreibtisch, ordnest die Papierstapel nach Projekten, stellst frische Blumen auf, saugst und lüftest durch. Vielleicht noch mal kurz Staub wischen und Druckerpapier auffüllen – dabei will natürlich auch der Drucker eine Streicheleinheit mit dem Mikrofaserlappen. Und fertig! Noch eine Duftkerze gefällig? Deine Stimmung hat sich merklich gebessert, und du stehst andächtig am Türrahmen und genießt den Blick in den sauberen, ruhigen Raum. Das ist Frieden! Das ist ein Startpunkt. Hier kann man ansetzen. Zur Ruhe kommen und dann produktiv werden – aber so, dass es auch was bringt. Gut gelaunt streichst du den Punkt »Büro putzen« von der Liste und – man glaubt es kaum – verspürst ein echtes Bedürfnis, ein wenig Trampolin zu springen. Das Training vergeht wie im Flug – und was würde danach besser passen als zu kochen? Wir halten also fest:

Prioritäten-Umkehr ist ein Geheimrezept für echte Produktivität.

– Haushaltsglück-Weisheit –

Eines gilt es noch zu prüfen: Es kann nämlich auch sein, dass deine To-do-Liste insgeheim gegen deine Ballastentsorgung arbeitet. Sie bläht sich auf und gewinnt von Tag zu Tag mehr an Gewicht. Das ist ungünstig, wenn wir uns den Propheten ins Gedächtnis rufen – er muss flexibel bleiben! Er ist der Gegenpart zum schweren

Berg. Wird er jedoch selbst zum Berg und bleibt deshalb auf halber Strecke liegen, ist keinem geholfen.

Vielleicht wollen To-dos auch gar nicht immer so strikt aufgeschrieben und »erfüllt«, sondern eher »erfühlt« werden. Probiere mal einen Tag lang, einfach bloß der Tätigkeit zu folgen, die sich dir gerade intuitiv anbietet. Denn dann hätten wir das Problem gleich samt der Wurzel entsorgt und uns des größten Ballastes entledigt: der To-do-Liste selbst.

Kann das weg?

Ja – wenn es dich nicht glücklich macht. Ist doch eigentlich einfach. Ja – wenn es dich nervt oder sogar von deinem Glück abhält. Ja, wenn es dir Übergewicht beschert, denn ein glücklicher Prophet auf dem Weg zum Berg muss, siehe oben, flexibel bleiben.

Fangen wir gleich heute an, das zu trainieren! Haushaltsglückliche Erfolgsgefühle lassen sich durch Ballastbeseitigung potenzieren, weil es geradezu in der Natur von Erfolg liegt, dass er aufblüht, sobald unnötiger Mist abfällt. Wenden wir das Prinzip am besten gleich auf mehreren Ebenen an, indem wir das innere Ballastabwerfen mit einer haushaltsglücklichen Ausmistaktion verbinden: So schlagen wir gleich zwei Fliegen mit einer Klappe und arbeiten extrem effektiv.

Du entsorgst den gelben Silikongugelhupf und mit ihm gleich die Erinnerung an den darin so kläglich missratenen Marmorkuchen, der zum Streit am Kaffeetisch führte – an jenem Donnerstag, als du eigentlich vorfühlen wolltest, ob ein gemeinsames Urlaubswochenende im kommenden Monat drin wäre. Oder du mistest alle abgelaufenen Medikamente aus, während du im Geiste alle Krankheiten noch mal durchmachst: Sodbrennen, Kopfweh, Bronchitis, Durchfall ... Aua! Kann alles weg!

Oder du wirfst endlich die braune Wolle weg – wie kann man Wolle in dieser Farbe kaufen? Und sie dann auch noch jahrelang horten? Wenn in all dieser Zeit keine Verwertungsidee aufkam, dann jetzt auch nicht mehr. Ach ja, und zwischendurch atmen wir wieder gaaanz tief. Durch die Nase eiiiiin – ganz toll machst du das – und durch den Muuuund wieder aaauuuusssss. Das reinigt die Lunge, bringt den Kopf auf weitere Ausmistideen und kurbelt den Stoffwechsel an. So können wir selbst bei sitzenden Tätigkeiten aktiv Kalorien verbrennen – und das bedeutet? Genau! Wir bauen Gewicht, also Ballast ab!

Als Chuck Noland in *Cast Away – Verschollen* nach Jahren wieder in sein altes Leben zurückkehrt, ist er nicht mehr derselbe. Der zivilisierte Alltag ist für ihn jetzt eine Anhäufung sinnloser Luxusprobleme. Der moderne amerikanische Lebensstil, dem er einst selbst angehörte, erscheint Noland nun skurril. Sein jahrelanger Kampf ums Überleben, allein auf einer Insel, ermöglicht ihm einen viel ursprünglicheren Blick auf das Leben. Seine Sinne sind geschärft und seine Mitmenschen kommen ihm seltsam abgestumpft vor – als würden sie eine Show veranstalten, die an ihrem Daseinszweck vorbeigeht.

»Kann das weg?« Die Frage kann noch mehr! Wir gehen einen Schritt weiter, dies ist allerdings für Fortgeschrittene. Logge dich in deinen aktuellen Online-Warenkorb ein. Oder ganz konventionell: Schau auf deine Anschaffungsliste für die nächste Zeit. Nun gehst du Punkt für Punkt durch und prüfst bereits vor dem Kauf: Kann das weg?

Genial, oder? Das ist präventives Entrümpeln. Es erspart dir nicht nur übervolle Schränke, sondern auch jede Menge Scherereien: Je weniger du bestellst, umso seltener muss der Paketdienst bei dir klingeln, was wiederum die Gefahr, dass der Hund aus der Tür entschlüpft, minimiert. Sollte wider Erwarten dann auch die FritziBox einwandfrei funktionieren, bliebe Zeit, um dich morgens rechtzeitig anzuziehen. Du könntest dein Zimmer mal ausmisten und dir dabei auch gleich Gedanken über das Existenzielle machen. Was brauchst du eigentlich überhaupt? Und: Was willst du eigentlich überhaupt?

»Das kann weg, dies brauch' ich auch nicht mehr, das Ding kommt weiter hinten ins Fach. Ach, da liegt mein Kalender: Dieser Termin ist überflüssig, den sage ich ab, und heute telefoniere ich mal nicht mit Tante Hilde, dann bleibt mir endlich mal Zeit für einen guten Film.« Und so weiter. Denn wann, wenn nicht jetzt, ist der beste Moment, um mal wieder zu hinterfragen, was (zu) dir passt – an Dingen, Umständen, Terminen, Kontakten und Gedanken? All diesen Ebenen sollte man dringend ab und an mal eine Inventur gönnen.

Chaos bei Hilde

Also Zeit für einen guten Film, wie schön! *Cast Away – Verschollen* dauert immerhin gute drei Stunden, und danach nickst du auf dem Sofa ein. Aus der Ferne hörst du leise die Melodie von *Somewhere Over the Rainbow*, und plötzlich befindest du dich bei Hilde im Haus. Bilder tauchen auf und fliegen an dir vorbei: übervolle Schränke, Pappkartons mit undefinierbarem Kram, überquellende Aschenbecher und ein vollgestopftes Wohnzimmer, das aus allen Nähten platzt.

Erschrocken überlegst du, wann du überhaupt das letzte Mal bei der Tante warst. Ist wohl länger her, aber wie konnte ihr Hausstand so außer Kontrolle geraten? Du irrst durchs Haus und rufst ihren Namen, aber es regt sich nichts. Kein Wunder, in diesem Haus kann man ja nichts finden. Den vollgestopften Dachboden willst du dir gar nicht erst ausmalen – und das, wo der doch für die Zukunft steht!

Du tastest dich von Raum zu Raum und landest schließlich im Büro. Ungeöffnete Rechnungen und Mahnungen türmen sich in einer Umzugskiste auf, die schon voll ist bis oben hin. Doch Tante Hilde gönnte ihnen offenbar gleichmütig Ablage P. Dadurch wohnt Ablage P mittlerweile akutes Explosionspotenzial inne.

Mit klopfendem Herzen öffnest du den obersten Brief, weil du aus den Augenwinkeln den Stempel »Gerichtsvollzieher« lesen kannst. Wie schrecklich! Am Ende nehmen sie der Tante blitzi weg! Oder den Fernseher! Mit zitternden Fingern wählst du die angegebene Mobilnummer oben auf dem Schreiben.

»Meier?«, meldet sich eine Stimme und zögerlich schilderst du den Fall: »Es ist wirklich ein Versehen. Meine Tante bezahlt umgehend!« Doch der Mann am anderen Ende der Leitung hat offenbar gar kein Interesse an der Erklärung. »Ist schon okay, ich hab damit nichts mehr zu tun«, brummt er. »Ich bin nicht mehr Gerichtsvollzieher, ich bin jetzt bei MediaMarkt. Soll ich den Fall weitergeben?« »Nein, nicht nötig«, beeilst du dich zu sagen und beendest schnell das Gespräch.

Na toll. Jetzt wolltest du Hilde helfen und eine winzige Ecke ihres Messiedaseins mit Klärung erhellen – und hättest damit beinahe schlafende Hunde geweckt. Du drehst dich um und willst gerade das Zimmer verlassen, da passiert es: Dir springt ein längliches, braunes Gerät ins Auge. Es kauert in der Ecke wie bestellt und nicht abgeholt. Durch das Display zieht sich ein Riss und es blinkt verzweifelt, als wolle es Hilferufe senden. Noch bevor sich ein klarer Gedanke einstellen kann, hast du den Melodieknopf gedrückt – und da ist es wieder: *Spiel mir das Lied vom Tod*. Nur diesmal kläglicher, nicht mehr so frech. Einige Töne klingen schief, dazu gesellen sich ruppige Unterbrechungen, so als würde blitzi sich räuspern. »Siehst du«, erklingt da Hildes laute Stimme, während sie sich im Türrahmen aufbaut: »Bei mir spielt er *Somewhere Over the Rainbow*!«

Nun wird dir einiges klar. Hilde hat bloß die Melodie verwechselt. Du warst grundlos eifersüchtig. Doch das spielt jetzt keine Rolle mehr, denn hier bietet sich ein so trauriges Bild, dass es dir zu Herzen geht – blitzi hat eine Delle im Wasserbehälter, und das Saugrohr sieht geknickt aus. Alles deutet darauf hin, dass eine vorsätzliche Verletzung der GFP-Regeln (Regeln für gewaltfreies Putzen, siehe Kapitel 2) stattgefunden hat. Tante Hilde muss den Saugfeudel vor Wut in die Ecke geschleudert haben, und das ist milde ausgedrückt. Du schaust von blitzi zu Hilde, und diese wird sichtlich bleicher. Schnell zerrt sie dich aus dem Raum und verkündet, dass dein Besuch vorbei ist, weil sie schließlich auch noch anderes zu tun habe.

Das richtige Maß

Die Dämmerung und ein vergnügtes Vogelzwitschern wecken dich sanft. Wie spät ist es? Noch früh am Morgen. Du hast tatsächlich auf dem Sofa geschlafen. Doch was für ein Traum! Der Schreck sitzt dir immer noch in Mark und Bein. Wie hypnotisiert springst du auf und läufst zum Briefkasten. Er quillt zum Glück nicht über. Lediglich ein kleiner Reklamezettel fällt dir in die Hände: »Mach dein Zuhause ein bisschen besser – und du machst einen Teil von dir ein bisschen besser. Räume eine Ecke in deiner Gefühlswelt auf.«

Unten auf dem Zettel steht der Name einer Frau, die ein Entrümpelungs-Coaching anbietet. Das soll doch jetzt ein Scherz sein, oder? Nur aus Interesse liest du weiter im Kleingedruckten: »Du möchtest Veränderung in deinem Leben? Dann starte da, wo du starten kannst. Wo das ist? Natürlich zu Hause!«

Tatsache ist: Je weniger Müll zu Hause rumliegt, umso geringer ist die Gefahr, dass man irgendwo hineintritt. Das muss man sich mal klarmachen. Bananenschalen stellen statistisch gesehen gleich nach leeren Chipstüten die größten Ausrutscher, pardon, Ausrutschmöglichkeiten dar, und wir müssen hier nicht diskutieren, was folgen kann. Ein gebrochener Knöchel, blaue Flecken oder du reißt die teure asiatische Vase noch mit zu Boden. Oder den Aprikosen-Streuselkuchen. Und nun stell dir vor, es klingelt an der Tür und sagen wir mal, es ist nicht gerade Hilde. Wie fühlst du dich dann? So mit vermüllter Bude und blauen Flecken? Ab einem gewissen Punkt wird die Situation erklärungsbedürftig und könnte besorgte Nachfragen von Nachbarn nach sich ziehen.

Während dein Frühstück aus einem köstlichen Bananen-Milchshake besteht, hängst du noch einen Moment dem Messietraum von Tante Hilde nach. Das Haus war so vollgestopft und fühlte sich dabei so verloren an. Als ob man, wenn man nichts mehr findet, auch sich selbst verloren hat. Als ob man, während man sich durch den Müll von Zimmer zu Zimmer schiebt, vergessen hat, zu welchem Zweck man eigentlich ins andere Zimmer wollte. Jedes Ziel, jeder klare Gedanke bleibt auf der Strecke, erstickt durch zu viel Kram, der im Weg ist.

Plötzlich fällt es dir wie Schuppen von den Augen: Ballast ist böse. Ballast ist kein harmloser Kram, der eben zum Leben dazugehört, nein: Ballast ist ein Verräter. Er schleicht sich unauffällig an, tarnt sich mit Glitzer und bunten Farben und vermeidet es vornehm, die Karten auf den Tisch zu legen: dass er uns ködern wird und uns die Sicht vernebeln will. Dass er nicht nur das ist, was wir sehen, sondern tausend unsichtbare Ballastfreunde im Schlepptau hat, die uns Energie rauben. Sie tragen lustige Namen: monatliche Zahlung, Wartung und Reparatur, Reinigung, Pflegemittel, Update, zugehöriges Abonnement, Neuanschaffung aufgrund fehlender Ersatzteile, unendliche Zeit in Telefonwarteschleifen, benötigter Stauraum, Entsorgungsschwierigkeiten und dergleichen mehr. Ballast wird uns belagern, kaum dass wir ihm die Tür geöffnet haben. Ihn wieder loszuwerden wird von Tag zu Tag schwieriger, doch das sorgt ihn kaum, denn er ist ja inkognito da und fürchtet nicht, erkannt zu werden. So kann er ungestört und systematisch seine Mission fortsetzen: uns schrittweise vergessen zu lassen, was wir (im Leben) eigentlich wollten.

Ballast lässt uns vergessen, wohin wir
unterwegs waren, bevor unser Rucksack
so schwer wurde, dass wir seither
in unserer Komfortzone rasten.

– Haushaltsglück-Weisheit –

Es gibt nur eine Frage, die Ballast erzittern und um sein Leben fürchten lässt. Du kennst sie bereits – und sie ist punktgenau auf das Wesentliche reduziert: »Kann das weg?«

Freiwillige Konsumkontrolle: Mach den Test!

Du brauchst neue Sachen? Unterziehe deine geplanten Neuanschaffungen zuerst folgendem Test:

1. Statt gleich zu kaufen, schreib das Gewünschte auf eine Liste und lass sie ein paar Tage liegen. Prüfe danach erneut, ob die Anschaffungen noch gewünscht sind.
2. Mach einen zweiten Testdurchlauf mit der Frage: »Kann das (womöglich bald schon wieder) weg?«
3. Falls ja, wie lässt es sich entsorgen? Es schadet nicht, wenn man sich das vorher überlegt. Eventuell dann also doch nicht das Riesentrampolin für den Garten, das es gerade für einen Spottpreis beim Discounter gibt?

Für alle Posten, die du wieder gestrichen hast, könntest du das Geld in eine »Nicht-bestellt-Spardose« geben, deren Inhalt du einem besonders schönen Zweck widmest. Oder du kannst mehr in die Anschaffungen investieren, für die du dich am Ende vollen Herzens entschieden hast.

Wie schwer ist dein Gepäck?

Wenn du eine Flugreise antrittst, nimmst du ja nicht den halben Hausstand mit – so verführerisch es auch sein mag. Sorgfältig wird am Flughafen gewogen, und schon fürs kleinste Übergewicht, zum Glück meist nur das des Koffers, müssen wir nachzahlen.

Nicht anders lautet das Regelwerk für die Lebensreise: Haben wir zu viel Gepäck, zahlen wir bloß drauf. Lebendigkeit und Begeisterung verlieren sich, wenn jeder Schritt zu mühsam wird, weil wir uns an Dinge klammern, die wir glauben zu brauchen. Lassen wir dagegen los, dann haben wir freie Hände. Wir können wieder tüchtig zupacken und uns vorher einen genüsslichen Moment lang Zeit lassen, um – hoffentlich gut – zu überlegen, woran wir uns als Nächstes klammern wollen.

Sollten wir tatsächlich mal etwas Zeit erübrigen können, um das Gepäcksammelsurium in unseren Händen eingehender zu betrachten, käme allerhand zutage. Zum Beispiel die Bratpfanne von Tante Hilde, die ewig zu klein ist. Aus Pflichtgefühl benutzt du sie trotzdem, weil sie ein Geschenk war. Aber jedes Mal musst du die Hälfte vom guten Fisch abschneiden, weil nur der halbe reinpasst. Ein kleiner Test: Schließe die Augen und stell dir vor, deine Pfanne wäre so groß, dass du den ganzen Fisch hineinlegen könntest. Ganz wunderbar lässt er sich von allen Seiten anbraten.

Wie fühlt sich das an? Könnte es Zeit sein, sich von altem Mist zu trennen, der mehr stört, als dass er nützt?

Überflüssiges raubt Kraft, denn es unterstützt uns nicht bei dem, was wir wirklich wollen. Es ist kein geeigneter Kompass, um uns einen gangbaren Weg zu weisen. Wir verheddern uns bei Entscheidungen – und statt *in uns* schauen wir Hilfe suchend nach rechts und links, in der Hoffnung, jemand anderes mit klarerem Blick weist uns die Richtung – und sagt uns, was wir tun sollen. Jemand, in dessen Pfanne sein Fisch ganz wunderbar reinpasst, der also nicht so seltsame Probleme hat wie wir.

Also irgendwas läuft da falsch. Am besten, wir begeben uns schnell wieder an den Startpunkt – dahin, wo immer die erste Lösung liegt. Ein übersichtliches, angenehmes Zuhause gibt Kraft, weil es uns zu Diensten ist, statt eine Hürde zu sein. Es macht einfach gute Laune. Es bietet genug Leere und Weitläufigkeit, so dass auch unser Kopf Platz hat für neue Ideen: Neuer Gestaltungsspielraum kommt zutage.

Kennst du den Begriff »Resilienz«? Die Fähigkeit, aus sich selbst heraus Kraft zu ziehen. Wenn wir aus unserem Zuhause Kraft ziehen können, dann ist das haushaltsglückliche Resilienz. Und wenn wir diese erreichen, dann haben wir mit enormem Zusatznutzen geputzt und ausgemistet – also genau richtig.

Ich war einer dieser Menschen,
die ohne Thermometer, eine heiße Wärmflasche,
einen Regenmantel und einen Fallschirm
nirgendwo hingehen. Wenn ich es noch
einmal machen könnte, würde ich das nächste
Mal mit leichterem Gepäck reisen.

– Nadine Stair, 85 Jahre, in: Hühnersüppchen für die Seele –

Heute spielen wir Umzug

Gut, nehmen wir mal an, du bist fest entschlossen, zu Hause klar Schiff zu machen, aber woher weißt du, was weg kann? Hier ist ein feiner Trick: Umzug ohne Umzug. Du stellst dir vor, dass du morgen deine vier Wände für immer verlässt. Was packst du in die Kisten – und was kommt schnurstracks zum Entsorgen, weil du es definitiv nicht mehr mitnehmen willst? Weil du froh bist, es loszuwerden und nun endlich einen triftigen Grund dafür hast? Du weißt ja: Jedes Gepäck- oder Möbelstück, das transportiert wird, kostet bares Geld. Da lässt sich keine Umzugsfirma lumpen. Und selbst, wenn man den Umzug selber stemmt, dann kostet jedes transportierte Stück Anstrengung, Muskelkraft und wertvolle Zeit. Was also würdest du unter diesen Voraussetzungen mitnehmen?

Beim Sortieren des Bücherschranks findest du ein Buch von Karen Kingston: *Feng Shui gegen das Gerümpel des Alltags*. Schon lustig, dass dir das gerade jetzt in die Hände fällt. Mal sehen – du fährst mit dem Finger durch die Seiten und stoppst auf Seite 23, und da steht doch tatsächlich: *Jeder Aspekt Ihres Lebens ist energetisch in Ihrem Lebensumfeld verankert. Deshalb kann es Ihr Leben grundlegend verändern, wenn Sie ausmisten*. Na bitte. Da sind wir doch genau auf der richtigen Schiene. Veränderungen in unserem Zuhause schaffen also Veränderungen in unserem Leben, so steht es auf der Folgeseite. Und weiter hinten steht, dass das Horten von sinnlosem Kram uns buchstäblich Energie zieht und müde macht.

Nach dieser Information ist dir plötzlich so nach Ausruhen zumute, während du inmitten von halb ausgeräumten Regalen, Mülltüten und Kramstapeln sitzt. Die Vorfreude auf einen zünftigen Milchkaffee verleiht gerade noch so viel Bewegungskraft, um die Küche zu erreichen. Kaffeepause! Und es gibt die Aussicht auf Rettung – welch beruhigendes Gefühl –, denn morgen ist zum Glück:

Mülltag – ein ganz besonderer Wochentag

Es soll in diesem Land Orte geben, die keine Mülltonnen kennen. Die Bürger horten ihren Müll in großen, eigens dafür vorgesehenen Plastiksäcken, die sie zuvor käuflich erwerben müssen. Beim wöchentlichen Müll-Abholtag steigt dann die große Müllsack-Party: Alle Säcke, ob schwarz, blau, gelb oder grün, werden feierlich vors Haus gestellt und – im besten Fall – auch abgeholt.

Befinden sich nun Wohnhäuser in einer Sackgasse mit eng gehaltenem Wendekreisel, können für die großen Müllwagen logistische Probleme entstehen. Sie möchten zwar unbedingt zu den Müllsäcken von Thede Müller in Osterbrook 1 a, doch sie bleiben dabei im Kreisel stecken. Sie rangieren hin und her, bei laufendem Motor selbstverständlich, bis die Anwohner ihre Gardinen wegschieben und ihre Nasen ans Fenster drücken. Manche kommen auch raus: »Nicht den Motor so lange laufen lassen! Und das direkt vor meinem Küchenfenster!« »Ja, aber wir stecken fest.«

Schlimm genug, das Schauspiel kann doch aber nicht jede Woche so stattfinden. Und so einigt man sich auf die brillante Idee, dass alle Anwohner des Kreisels ihre Säcke am Mülltag nach vorne tragen müssen, vor den Eingang der 23 b, die sich darüber ganz besonders freut. So braucht der Müllwagen nicht mehr Karussell zu spielen, sondern kann ganz bequem die 23 b anfahren und alle Säcke auf einen Streich einladen.

Dies hat in der Praxis weitere Vorteile. Nehmen wir an, die Pappverpackung von der Garderobe »Mandy« oder vom Klo-Hocker »Danny Boy« steht genau vor Thede Müllers Haus, dann kann jeder gleich kombinieren, dass er jetzt besagte Möbel besitzt. Werden jedoch die Mülltüten einer ganzen Sackgasse auf einem

Haufen gesammelt, äußert sich das, neben der Tatsache, dass sich vorübergehend eine Art Sichtschutzmauer von bis zu fünf Metern auftürmen kann, auch darin, dass keiner mehr weiß, was zu wem gehört. Oder wie viele Beutel Minna Lüüd diese Woche hingestellt hat. Man kann auch nicht gleich sehen, dass Marthchen Meier wieder Glasflaschen in den gelben Sack gepackt hat, was natürlich falsch ist. Oder dass Thede Müller die dritte Mahnung vom Finanzamt nicht mal geschreddert hat, weshalb sie gut sichtbar im transparent grünen Gartensack (was macht sie da?) obenauf liegt, und jeder, der gerade vorbeikommt (einen Blick wird man ja mal drauf werfen dürfen), nun weiß, wie hoch der Müller beim Amt in der Kreide steht. Dass der aber seinen Papierkram auch nicht im Griff hat! Dafür regt er sich über jeden Scheiß auf und droht immer gleich mit einer Anzeige.

Natürlich lässt sich aber weiterhin beobachten, wer welche Beutel ablegt. Hinni Hinrich ist heute wieder früh auf den Beinen. Er platziert seine Beutel bereits zur Mittagsstunde und eröffnet damit den allwöchentlichen Müllreigen. Dabei hätte ein dezentes Rausstellen des Mülls kurz vor der Tagesschau durchaus gereicht, denn die Leerung ist ja erst am nächsten Morgen. Es könnte also den halben Tag noch anständig aussehen, ganz ohne Hinweis auf die anstehende Müllparty.

Sind die Säcke sehr schwer, muss man schon mal kreativ werden. Da wird der SUV bemüht, um die Beutel 12 Meter nach vorne zu befördern, und dabei kann sich Stau bilden. Thede Müller lädt heute ganze 16 Tüten aus, damit hat er die Hinrichsche Vorlage noch überboten. Oma Meier schiebt ihr Restmülltütchen elegant auf dem Skateboard des Enkels nach vorne, während von der Hinrichschen Front noch mal nachgelegt wird, man rückt mit Schubkarre an. Der logistischen Kreativität sind hier keine Grenzen gesetzt, was den Unterhaltungswert beim Blick aus dem Küchenfenster erhöht. Dass munter mal auf halbem Weg eine Packung Fleischsalat verschüttgeht, ärgert nur den, in dessen Vorgarten sie landet.

Bei dem ganzen Durcheinander beruhigt kein Kaffee die Nerven, da muss schon ein Ostfriesentee her. Und ein paar Hagelzuckerkringel – als kleine Feier des Mülltags. Denn es ist schon bemerkenswert, dass man regelmäßig – buchstäblich frei Haus – ein solches Spektakel geboten bekommt. Es liegt diese ganz besondere Stimmung des Loslassens und Entsorgens in der Luft: Der Duft des Freiraums, der sich den Weg bahnt, wenn der nicht minder präsente Duft der Mülltüten sich nach der Abholung langsam verzieht.

Woche für Woche wird man Zeuge des kollektiven Aufräumens, Ausmistens und Aufatmens der ganzen Straße. Mehr noch, der ganzen Siedlung! Ein regelmäßiger Reminder zur Entledigung von Ballast. Die Versuchung, Unrat anzusammeln und Ungemach sich auftürmen zu lassen, entsteht gar nicht erst. Ob grüne, schwarze, blaue oder gelbe Tüten, alle werden mitgenommen, alle dürfen dabei sein.

Nicht nur erleichtert die landkreisliche Müllentsorgung die Bürger jeden Mittwoch an der 23 b von allem, was weg kann – sie erzieht sie auch. Zum Hinterfragen ihrer Gewohnheiten und zu mehr Sinn für das Wesentliche – denn: Jede Woche wird schließlich aufs Neue die Last des eigenen Mülls offenbar. Er muss ja immerhin mit eigener Kraft irgendwie zur 23 b befördert werden. Da stellt sich schon mal die Frage: »Wieso habe ich eigentlich immer so viel Müll?« Just wenn eine Tüte aufbricht und sich auf die Straße ergießt, wenn der Arm schmerzt, weil er der Last nicht gewachsen ist, oder wenn der Autostau zwecks Müllbeutelentsorgung andauert, während zur Primetime schon der Abendfilm beginnt, just dann wird die Sehnsucht wach, man hätte statt fünf schweren Säcken nur einen. Einen kleinen, federleichten, den man quasi beim Antritt der Ballonfahrt noch eben vor der 23 b fallen lassen kann.

Teezeit

Einen Ostfriesentee aufzubrühen dauert nicht lange, denn je intensiver der Tee zieht, umso bitterer wird er – und dann macht er müde. Je nach Tageszeit möchte man vielleicht lieber wach sein, dafür wird eine kurze Ziehzeit von ein bis zwei Minuten empfohlen. Das passt perfekt ins Zeitfenster, denn wenn das Piepen vom Müllwagen naht, bleiben noch ein paar kostbare Momente, bis er in voller Größe vor der 23 b in Erscheinung tritt und die Show beginnt.

Da bleibt kein Fernseher an und keine Gardine still. Da wird der Esstisch längs gedreht (für den besseren Blick aus dem Küchenfenster) und fix eingedeckt mit Tee und ofenfrischen Hagelzuckerkringeln. Jetzt kann es starten, das Müllabfuhrkino. Das kann man sich nicht entgehen lassen, da muss man sich ergeben. Denn selbst wenn man es partout nicht mitkriegen wollte, gelingt das kaum, so laut ist das Piepen, mit dem der Müllwagen auf sich aufmerksam macht. Als wolle er laut ausrufen: »Leute, euer Erlöser ist gekommen.«

Nach seinem Abgang folgt Stille. Niemand ist mehr zu sehen, nicht im hastigen Galopp mit zwei Tüten in der Hand, nicht mit der Nase am Fenster. Das Entsorgungsspektakel ist mitsamt seinen Darstellern in der Vergangenheit entschwunden – von ihm zeugt höchstens noch eine verlorene Kakaoverpackung in der Kreiselbepflanzung oder eine Elster, die sich an verschütteten Essensresten labt.

Die Ruhe nach dem Sturm hat etwas Reinigendes. Es ist ein Neuanfang. Eine ganze Woche steht nun bevor, bis wieder Kinotag, pardon Mülltag ist.

Vor dir liegen ein Paket frische Zeit und ein Bündel neuer Mülltüten, beides noch so unberührt wie ein unbeschriebenes Papier. Was wird der Neustart bringen? Was wirst du benutzen, entleeren und entsorgen? Wovon wirst du dich entledigen, und was wirst du unbedacht erwerben, ohne dabei symbolisch und buchstäblich an den Folgemüll zu denken, den es produziert?

Jedem Neustart wohnt ein Zauber inne

Leerer Platz im Regal fühlt sich an wie frische Luft zum Atmen! Ganz neue Gestaltungsspielräume tun sich auf. Ihre Attraktivität rührt daher, dass sie in diesem Stadium noch ungeahnte Möglichkeiten bieten. Sie geben dir Raum zum Träumen. Zum Experimentieren und Ausprobieren. Dieser Moment hat etwas Erhabenes: Er bietet die Chance auf die Hinwendung zu etwas Höherem. Wir haben alles gegeben, um wieder Freiräume in Haus und Kopf zu schaffen. Wofür? Um Tür und Tor zu öffnen für etwas Besseres.

Ich glaube, dass schon immer
viel entrümpelt wurde, aber diese Tätigkeit
steht selten im Scheinwerferlicht
und wird viel zu wenig gewürdigt.

– Margareta Magnusson –

»Etwas Besseres« ist immer gut, so viel steht fest. Scheinbar hat es gleich heute Einzug genommen, denn alles ist friedlich. Die FritziBox funktioniert einwandfrei, und der Hund befindet sich munter im Hause. Die Schränke sind ordentlich, die Espressomaschine strahlt dich an. Hm, warum eigentlich nicht mal Tante Hilde anrufen? Und auf ein Stündchen zum Kaffee einladen? Wäre längst schon wieder fällig, aber es war ja so viel zu tun. Jetzt ist dagegen Zeit. Gesagt, getan.

Wenig später steht Hilde vor der Tür. Am Kaffeetisch fasst du den Mut, einige Themen von deiner eigens dafür erstellten Liste anzusprechen. Du räusperst dich und erwähnst, dass es Aufräumhelfer gibt, die man engagieren kann.

Erstaunlich – es kommt keine Gegenwehr. Es geht keine Leier los, stattdessen lässt sich Hilde sogar von dir die Statuten des GFP nochmals genau erklären. Sie sieht dich dabei allerdings erstaunt, dann etwas mitleidig an, doch es fällt dir nur am Rande auf, sie raucht heute auch weniger als sonst. Und noch etwas ist anders: Wann immer Hilde im Raum war, zog sie früher eine leichte Alkoholfahne mit sich – und heute riecht sie nach Lavendelseife.

Sei's drum, du fasst dir ein Herz und sprichst den nächsten Punkt auf deiner Liste an: Ob sie das Buch *Death Cleaning* kennt, zu deutsch: *Frau Magnussons Kunst, die letzten Dinge des Lebens zu ordnen*? Dass es sinnvoll wäre, mal zu überlegen, was man seinen Nachfahren für ein Chaos überlassen will – und was man vielleicht zu Lebzeiten schon entsorgen könnte. »Ach Kindchen«, seufzt sie. »*Spiel mir das Lied vom Tod, Death Cleaning*, was soll das? Dafür bist du zu jung. Du solltest mal wieder richtig Spaß haben! Einfach mal losfahren, ohne schon zu wissen, wohin die Reise geht. Mach dich mal locker!«

Das saß. Plötzlich fühlst du dich wie eine Studentin mit langen Zöpfen im ersten Semester, mitten in einer Vorlesung. Der Professor, eine angesehene Koryphäe auf seinem Gebiet, beendet einen seiner besten philosophischen Vorträge, und die Studentin hebt eifrig die Hand. Erwartungsvoll gibt er ihr das Wort, und alle richten den Blick auf sie, als ihr Stimmchen erklingt: »Also wenn ich bei Ihnen die Hausarbeit schreibe, kann ich mir das dann als Schein für A1 anrechnen lassen oder zählt das bloß zu B3?«

Stille im Saal. Der Professor starrt sie verständnislos an. A1 und B3 sind unterschiedliche Fachbereiche, doch das interessiert ihn wenig. Er befindet sich gedanklich noch mitten in der poststrukturalistischen Hermeneutik, also sozusagen im Nichts. Im Raum, der sich zwischen den Worten befindet. Er hatte mit einer qualifizierten Wortmeldung gerechnet, die philosophisches Verständnis ausdrückt. Er sehnt sich nach Gemütern, die sein Genie erkennen und zu schätzen wissen. Weniger dagegen nach B3 oder Hausarbeiten, die auch noch korrigiert werden wollen.

Wie der Professor von der Studentin hatte Hilde wohl mehr von dir erwartet, so fühlt es sich an. Derweil ist sie aufgestanden, sieht geschäftig auf die Uhr und hat es scheinbar eilig. »Ich muss los, ich habe einen wichtigen Termin. Und ich will dich auch nicht weiter aufhalten.«

Seltsam. Was denn für einen Termin? Bisher hat sie dich immer aufgehalten, und es tat ihr nie leid. Anders kennst du es gar nicht von ihr. Was ist hier eigentlich los?

Also gut. Vielleicht gilt es in diesem Fall, poststrukturalistisch zu denken und die klassisch-hermeneutische Tendenz zur Monosemantik in Frage zu stellen. Du könntest ja mal probehalber das dialektische Denken durch ein flexibleres ersetzen: Auf Punkt A folgt dann nämlich keineswegs immer bloß B, sondern es sind plötzlich weit mehr Verbindungen möglich. Verbindungen zu C oder D, zu blitzi oder Aprikosenkuchen, zu allem, was man will. Zu unendlich vielen Dingen und Ideen – was heißen würde: Es könnte tausend Erklärungen für Hildes neues Verhalten geben.

Wie erstaunt sie dich angesehen hat, als du ihr Tipps zum Ausmisten geben wolltest. Wie konntest du nur so selbstverständlich davon ausgehen, dass dein Traum wahr ist und Hilde Hilfe beim Aufräumen braucht? Am Ende hat dir der Traum nur gezeigt, wie es in dir selbst aussieht!

Damit fiele alles auf dich zurück. Schließlich war es ja auch dein Traum und nicht der von Hilde. Diese Interpretation hattest du nicht einkalkuliert, sondern hast das Nächstliegende gleich für bare Münze genommen (aus poststrukturalistischer Sicht ein grober Fehler). Du hast keine Minute gezögert, um über Tante Hilde ein Urteil als ausgemachten Messie zu fällen.

Der magische Schritt

Geläutert bleibst du am Küchentisch sitzen. Das Ganze ist dir mehr als unangenehm. Bleibt nur zu hoffen, dass sie es dir nicht nachträgt. In deiner Not greifst du zu der Packung mit den chinesischen Glückskeksen, fischst einen heraus und zerbrichst ihn. Aus dem Keks fällt ein kleiner Zettel mit der Aufschrift:

Verpflichtest du dich
deinen Träumen oder deinem Ballast?

– Glückskeks-Weisheit –

Während sich die Espressomaschine freut, dass sie noch einmal für dich tätig werden darf, sinnierst du über die Frage. Ja, welchem von beiden verpflichtest du dich eigentlich? Was ist dir wirklich wichtig und was kann – oder muss sogar – dafür weg, damit dir genug Zeit für das Wichtige bleibt?

1. Spontan nimmst du einen Zettel und zeichnest dich als Strichmännchen in die Mitte. Um das Männchen herum schreibst du alle Dinge, die dir gerade wirklich wichtig sind.

Ist es nicht so, dass für die wichtigen Dinge oft erstaunlich wenig Zeit bleibt? »Locker werden«, wie Hilde sagt – vielleicht ist da wirklich was dran. Vielleicht stehst du dir ja tatsächlich manchmal selbst im Weg. Willst unbedingt in die eine Richtung – weil du gar keine andere siehst. Stehst auf dem Schlauch, so dass nichts so richtig durch kann. Es wäre ja nur ein Schritt: Einfach vom Schlauch runter – und mal sehen, was dann passiert. Das ist im Grunde weder schwer noch kompliziert.

2. Auf einen neuen Zettel schreibst du dieses Mal um das Männchen herum alle Dinge, die sich gerade belastend anfühlen, dich nerven oder ausbremsen.

Wunderbar, da hast du ja nun allen Mist – für den Moment – buchstäblich schwarz auf weiß. Du hast ihn dir bewusst gemacht, das ist ein durchaus großer Schritt zum Erfolg. Und die wichtigste Frage ist auch schon beantwortet: »Kann das weg?« Ja, es kann!

Vielleicht ist Ballast auf anderen Lebensebenen nicht immer ganz so leicht zu entsorgen wie ein kaputter Stuhl oder ein alter Pullover. Vielleicht geht es nicht von heute auf morgen, aber warum nicht mit kleinen Schritten anfangen? *Baby Steps*, wie das amerikanische Zuckeretikett lauten würde. Es sind Kleinigkeiten. Mal ein bisschen flexibler sein. Statt nach Nachteilen mal nach Möglichkeiten Ausschau halten. Mal tief atmen, statt inmitten von Stress nach Luft zu japsen, und dem Alltag wieder mehr Freiräume zugestehen. Zusammengefasst landest du schon wieder bei Hildes Worten: locker machen. Schon seltsam, dass du dir von der Ziege überhaupt was sagen lässt. Doch dieses Mal hatte sie nicht ganz unrecht, auch wenn du das natürlich nicht zugeben würdest.

Ballast zu erkennen und auf die Entsorgungsliste zu setzen, ist also die halbe Miete. Und die andere Hälfte? Unsere Aufmerksamkeit. Wir ziehen sie vom Ballast ab und verteilen sie auf schönere Dinge, das war's schon! Warum sich noch lange mit ollen Kamellen beschäftigen, die keiner mehr will? Weg damit. Warum deine wertvolle Aufmerksamkeit bei Dingen lassen, die dich bloß nerven und ausbremsen? Die Aufmerksamkeit ist die Eingangstür für alles, was in unser Leben darf. Wir müssen also bloß sorgfältig auswählen, wo wir sie hinlenken. Und damit: Wem oder was wir die Tür öffnen.

Du wirfst den Zettel mit den Dingen, die dich belasten, in den Kamin und schaust zu, wie er langsam verbrennt. Das tut gut! Du kannst richtig fühlen, wie eine Last von dir abfällt. Die Liste mit dem, was dir wichtig ist, legst du dir unter dein Kopfkissen, mit dem festen Vorsatz, sie dir abends oder morgens nach dem Aufstehen immer mal wieder durchzulesen. So gerät sie nicht mehr so schnell in Vergessenheit.

Jetzt reicht es. Heute räume ich auf.
Heute sortiere ich aus. Alles,
was mich einschränkt, alles, was mich
klein macht, werfe ich auf den Müll.
Es hat ab sofort in meinem Herzen
nichts mehr zu suchen.

– Doris Bewernitz in Claudia Peters: Vertrauen haben reicht zum Glück –

Sonne Konjunktion Jupiter

Am nächsten Morgen fühlst du dich prächtig. Du lässt deinen Blick aus dem Fenster schweifen und traust deinen Augen nicht: Ein kleiner roter Ballon zieht am stahlblauen Himmel an einer Wolke vorbei, als wollte er dir einen guten Morgen wünschen.

Was für ein schöner Start in den Tag! Du drehst das Radio an, und die Astrofee informiert: »Mit Sonne Konjunktion Jupiter ist heute alles möglich. Ihre Anstrengungen der letzten Wochen werden belohnt.« Na, das hört sich doch gut an! Während die Kaffeemaschine sich warm macht, klingelt das Telefon und der seit Wochen ständig ausgebuchte Gärtner erklärt, dass er jetzt Zeit hat. Prima! Das passt dir ausgezeichnet. Als du in Gedanken schon in der Gartenplanung bist, klingelt es erneut: Deine Lieblingsfriseurin bietet dir einen Termin gleich morgen früh an. Glück muss man haben!

Freudig winken dir frische rote Erdbeeren aus dem Kühlschrank zu, die sich gleich prächtig auf dem Frühstückstisch machen werden – da kommt eine E-Mail. Du nimmst dein Handy zur Hand und liest: »Wir beglückwünschen Sie zum Gewinn des

Heimwerker-Designwettbewerbs! Sie haben einen Ikea-Einkaufsgutschein gewonnen!«

Stimmt, du erinnerst dich: Da hattest du mit einem selbst restaurierten Holzschränkchen teilgenommen. Ist ewig her! Damit hast du nun wirklich nicht gerechnet. Das ist ja herrlich! Ermutigt von so vielen guten Nachrichten wagst du nach deinem kleinen Freudentanz gleich noch den Gang zum Briefkasten. Das Finanzamt informiert, dass die Steuernachzahlung den Betrag von null beträgt. Wie erleichternd! Und was ist das? Die KFZ-Versicherung möchte heute ein besonderes Geschenk machen: Als Versicherungsnehmer erhältst du 18,53 Euro zurück, weil dieses Jahr weniger Schadensfälle passiert sind. Dinge gibt's!

Heute scheint wirklich dein Glückstag zu sein. Und das Beste ist: Die guten Nachrichten kannst du tadellos verdauen. Du bist weder allzu überrascht noch überfordert, im Gegenteil: Du freust dich einfach und genießt. Schließlich hast du ja auch nach Kräften geschuftet und ausgemistet – mit anderen Worten: Du hast dir den Erfolg verdient.

Froh gelaunt lässt du dir die erste Erdbeere schmecken, als es an der Tür klingelt. Und da steht ganz unerwartet: schon wieder Hilde. Mit einer Tasche, aus der sie zwei Bücher nimmt und dir entgegenstreckt: dein Lieblingskochbuch und ein Buch über Haushaltsglück. Die hatte sie sich ungefragt ausgeliehen. Seit Wochen hast du sie schmerzlich vermisst und fast schon nicht mehr an ein Wiedersehen geglaubt. Mit einem Freudenschrei nimmst du die Bücher zurück. »Hab's nicht vergessen, Kindchen«, lacht sie und fügt hinzu: »Und jetzt komm, Kaffee gibt's heute außer Haus!« Dabei deutet sie auf das Motorrad in der Einfahrt und wirft dir einen Helm zu. Erstaunt schaust du erst auf die Maschine, dann zu Hilde: »Hast du etwa einen Motorradführerschein?« »Ja, seit gestern«, ruft sie und fügt hinzu: »Und jetzt mach dich mal locker und komm!«

Du bist zwar noch im Nachthemd, aber es ist neu und könnte auch als Sommerkleid durchgehen. Was soll's, schnell die Lederjacke übergeworfen und los geht's! Hilde fährt recht anständig und du kommst dir sehr, sehr locker vor. Ein Gefühl wie eine Ballonfahrt! Das kleine Hofcafé im Nachbarort hat schon geöffnet, und der Kaffee schmeckt herrlich. Vor allem im Wissen, dass die Familie derweil zu Hause den Tisch für's zweite Frühstück deckt. »Hilde, jetzt musst du aber mal alles von vorne erzählen!«

Das tut sie mit Begeisterung. Und danach fährt die Ziege dich gekonnt wieder heim und setzt dich vor der Haustür ab. Ihrem Namen hat sie heute so gar keine Ehre gemacht, es gab überhaupt kein Gemecker. Umso lustiger, dass auf ihrem T-Shirt ein großer Ziegenkopf prangt. »Cheesy Biker« steht darunter. Hat das mit Ziegenkäse zu tun? Egal, ein Biker ist sie ganz sicher, das steht mal fest.

Zum Abschied schlägst du ihr vor, bald zu Ikea zu fahren. »Aber mit dem Auto«, fügst du vorsichtshalber rasch hinzu: »Das Kind will sicher auch mit, und wir müssen ja die Einkäufe transportieren.« Ein bisschen Komfortzone darf schließlich sein!

Und jetzt? Hagelzuckerkringel für alle!

Es gibt nichts Schöneres als den Duft von Hagelzuckerkringeln, die gerade frisch aus dem Ofen kommen, während schon ein dampfender Ostfriesentee bereitsteht. Oder doch: den Duft von frischen Hagelzuckerkringeln und Ostfriesentee, nachdem alle Ikea-Einkäufe ins Haus getragen sind und du die Füße hochlegen kannst. Ein Hoch auf Sonne Konjunktion Jupiter!

Rezept für die Hagelzuckerkringel:

- 300 Gramm Mehl
- 200 Gramm Butter
- 100 Gramm Puderzucker
- Ein Eigelb
- Eine Prise Salz
- Eine Prise Bourbon-Vanille

Alle Zutaten zu einem Teig verkneten und diesen für eine halbe Stunde in den Kühlschrank legen. Dann den Teig ausrollen und Ringe ausstechen. Die Ringe mit Eiweiß bestreichen und mit Hagelzucker bestreuen. Bei 180 Grad (Ober- und Unterhitze) etwa zehn Minuten backen. Dabei nicht dunkel werden lassen – die Kringel härten beim Auskühlen noch etwas nach. Guten Appetit!

Kapitel 4

Zuhause – ein Ort voller Abenteuer

Es gilt ja, pausenlos über die Welt auf dem Laufenden zu bleiben, um ja nichts zu verpassen. Also bereisen wir unseren Planeten, um uns zu vergewissern, ob er wirklich rund ist. Ob in Afrika die Sonne scheint oder ob es in England tatsächlich immer regnet. Eine Freiheitsstatue hier und ein Wasserfall da, noch schnell ein Tag im Erlebnispark und die Kanufahrt wird auch noch in den Zeitplan gequetscht, denn:

Wir sind auf einer Mission

Wir sind Sinn- und Wahrheitssucher, wollen im Abenteuer das Rezept des Lebens finden und es als Beute mit nach Hause bringen. Doch warum eigentlich extra einen Flug buchen und mühsam die Koffer packen? Warum Sonnenbrände, Reiseübelkeit und das Risiko einstürzender Autobahnbrücken in Kauf nehmen? Von überteuerten Restaurantpreisen, Staus in der Mittagshitze und der ellenlangen Warteschlange vor dem Eiffelturm mal ganz abgesehen. Warum sollen wir uns überhaupt über die Grundstücksgrenze hinaus bewegen und damit unsere CO2-Bilanz unnötig in die Höhe treiben – jetzt, da wir der Genüsse und Vorzüge von Haushaltsglück gewahr sind? Der Klügere reist immer öfter zu Hause. Ja, du hast

richtig gelesen: Er bleibt nicht zu Hause, er reist dort. Er unternimmt einen Ausflug in seinen vier Wänden, geht in seinem Refugium auf Entdeckungstour – und kommt auf den Geschmack.

Wie bewandert ist dein Zuhause?

– Haushaltsglückliche Testfrage –

Alle Welt redet über Apartments und Lofts, über Bungalows und Vorstadtvillen. Man leistet sich ein Reihenhaus und renoviert, man erwirbt einen Resthof und baut um, man bringt den Vorgarten auf Vordermann und pflastert die Einfahrt neu. Man lässt die Fenster auf Dreifachverglasung umstellen, um hernach der Zweifachverglasung nachzutrauern, weil man jetzt viel mehr lüften muss. Man installiert Rasenmäherroboter samt Minigaragen, baut Sprossen in Fenster und Luken in Dachböden, gräbt Pools in Gärten und stemmt Alu-Sonnendächer über Terrassen.

Das Zuhause ist und bleibt Thema Nummer eins, doch kaum einer hat schon mal eine Zuhausewanderung gemacht. Da werden Wanderungen im Erzgebirge und im Himalaya geplant – doch eine Reise von der Küche rauf ins Obergeschoss zu unternehmen und, falls es die Kondition noch zulässt, weiter auf den Dachboden, davon liest und hört man selten.

Dass man auf halber Treppenhöhe eine reizvolle Aussicht hat und dort wunderbar eine Kaffeepause einlegen kann, dass der Balkon zum Sandwichessen einlädt und die Badewanne zum Wassertreten (hierfür die Wanne bis unter die Kniekehlen mit kaltem Wasser füllen und ein paar Mal im Storchengang hin- und herwandern), all das fällt meistens unter den Teppich, weil wir uns stattdessen auf Social Media bloß stundenlang die Reisefotos der anderen anschauen. Oder weil wir seit einer Ewigkeit in der Warteschleife der Fluglinie hängen, um den Flug nun doch vorzuverlegen, damit noch weitere Attraktionen in den Reiseplan gequetscht werden können. Danach verbringen wir ganze Nachmittage im Internet, um für die Auslandswährung den besten Wechselkurs zu erwischen und nebenbei einen Sonnenhut und zwei Strandkleider zu shoppen. Die alten hätten es zwar noch getan, aber man will ja mit der Mode gehen.

Überflüssig zu sagen, dass die langen Bildschirm-, Online- und Telefonstunden für eine Zuhausewanderung gar nicht nötig gewesen wären. Und damit ist nicht das tägliche Treppauf-Treppab gemeint, sondern der beherzte, möglicherweise auch laut ausgesprochene Entschluss: »Heute bereisen wir unser Haus!« Gern kannst du dich dabei mit Sonnencreme einreiben und den Strohhut aufsetzen. Du kannst nach Belieben in Badekleidung losgehen, auch mit dem aus der Mode gekommenen Strandkleid, denn: Wer will dir in deinem Zuhause vorschreiben, was du anziehen sollst? Das bestimmst du allein. Außerdem bietet dir die Zuhausewanderung eine ziemlich hohe Sicherheit vor ungewünschten Zwischenkommnissen. Höchstwahrscheinlich wirst du keine Unbekannten treffen, die dich nerven oder die falschen Fragen stellen. Du wirst die Marke deiner Sonnenbrille nicht mit der deines Sitznachbarn im Flugzeug vergleichen müssen, und du musst auch in keinen Wettstreit darüber eintreten, wer das bessere Hotel in kürzerer Laufnähe zum Strand für bloß eine oder gleich drei Wochen gebucht hat.

Höchstwahrscheinlich wirst du für deine Zuhausewanderung auch keine Tabletten gegen (Reise-)Übelkeit brauchen – außer die Zustände der einzelnen Räume rufen starkes Unwohlsein bei dir hervor. Und das Beste: Falls du bei deiner Reise etwas vergessen hast, kannst du es problemlos noch holen: Eine Zuhausewanderung hat also einfach nur Vorteile. Wichtig ist, schon im Vorfeld den Picknickkorb zu packen. Und dann gibst du dich einfach, mit Kaffeebecher und Smartphone gerüstet, vielleicht noch einen Notizblock in der Hosentasche, entspannt dem Abenteuer hin. Es kommt natürlich auf die richtige Haltung an: Schließlich könnte es die Reise deines Lebens werden.

Die Reise als Sinnsuche – auch Henry David Thoreau war der Meinung, dass man dafür nicht Hunderte von Kilometern zurücklegen muss:

> Kehre Dein Auge nach innen!
> Dann wirst du finden, dass viel tausend
> Gebiete des Herzens immer noch
> unerforscht ruhn. Dort sollst du reisen
> und dich belehren über die Welt,
> die in der Seele dir lebt.
>
> – Henry David Thoreau: Walden –

Ziel ist also, räumlich immer weniger Kilometer zurückzulegen, bis unser Körper ganz zum Stillstand kommt und die vollendete Reise antritt – nach innen. Gut, so weit sind wir noch nicht, aber wir nähern uns an. Statt nach Mallorca oder Island reisen wir vor Ort durch unsere Zimmer und finden so viele Wahrheiten: Wer wir sind und was wir wollten – und wo der blaue Schraubenzieher lag, den wir schon die ganze Zeit gesucht haben. Was wir hier erlebt haben, was demnächst ansteht und wie viel Zeit schon wieder vergangen ist.

Wir schlendern vorbei am Museum der Fotografien, die wir einst liebevoll an die Wand hängten, um sie im Alltagstrott meist zu übersehen. Vorbei an den selbstgemalten Werken der Familienmitglieder, die die Pinnwand schmücken, und an den mit Hingebung ausgesuchten blauen Vorhängen fürs Büro. Wir erinnern uns an den Tag des Einzugs – damals gab es hier nicht mal Möbel – und an die erste Nacht in unserer neuen Bleibe. Alles war noch so neu, die Umgebung, die Geräusche … Und unsere Gedanken gehen zurück zu dem Moment, als kurz darauf der Hund als Welpe Einzug nahm. Und natürlich an den Einstandsbesuch der Ziege, die damals ihrem Namen noch alle Ehre machte. »Na, haste dir mal den vergammelten Briefkasten angesehen, Kindchen? Und die ganzen Spinnweben im Carport? Viel Spaß beim Putzen!« Wie erquicklich sind diese Erinnerungen!

Also machen wir uns reisebereit, denn wann wäre ein besserer Zeitpunkt als jetzt: Jeder weitere im Nebel der Illusion (oder in Telefonwarteschleifen von Fluglinien) verbrachte Tag ist schließlich ein teuer bezahlter!

Füll deinen Thermoreisebecher mit frischem Kaffee und deine Lieblingsdose mit Gebäck. Nun kann es losgehen: Mach dich bereit für einen Spaziergang (Achtung, nicht als Gassigang geeignet! Schick das Kind mit dem Hund raus!) durchs Haus! Dein Handy (zwecks Kamera) und etwas zum Schreiben dürfen auch dabei sein.

Schlendere durch dein Zuhause, als wäre es ein Bummel durch Venedig oder ein Spaziergang am Strand. Die schönsten Motive auf dem Weg kannst du fotografieren und später als Postkarten ausdrucken, wenn du zu den Menschen gehörst, die unbedingt von überall her Ansichtskarten versenden wollen. Hier findest du schließlich tolle Motive! Der überdimensionale Plüschbär im Kinderzimmer oder die Waldtapete neben dem Kamin bringen wahlweise Kirmes- oder Naturgeschmack auf die Fotos. Und bei alledem schlürfst du fleißig den Kaffee aus deinem Reisebecher, das verstärkt das Urlaubsfeeling.

Beim Schlendern kannst du untätig bleiben – musst du aber nicht. Denn da wir uns ja in unserem Zuhause befinden, liegt natürlich, wie immer, eine magische Frage in der Luft:

Wo lässt sich mal eben ein
haushaltsglücklicher Handgriff tun,
so dass wir uns im Handumdrehen ein
bis zwei Erfolgsgefühle verschaffen können?

– Haushaltsglück-Kernfrage, allzeit einsetzbar –

Und was wäre eine Reise ohne Erfolgs- oder zumindest Erlebnisgefühle? Beim Bewandern der einzelnen Zimmer kannst du dir also ganz nebenbei die Frage stellen:

»Wie kann ich diesen Raum innerhalb von fünf Minuten optimieren?«

Ehe du dich versiehst, hast du im Kinderzimmer schon eine (kleine?) Ecke aufgeräumt. Mit ein paar Blumen oder Zweigen zieht gleich ein Wellnessambiente ins Bad ein. Und so hat deine Wanderung ein ganz besonderes haushaltsglückliches Motto: Du verlässt keinen Raum, ohne ihn ein kleines bisschen schöner gemacht zu haben. Und ist es nicht das, was wir auf Reisen suchen – einen Ort, der ganz besonders schön ist? Wie praktisch, wenn er sich direkt bei uns zu Hause befindet!

Der Duft von Lavendel

Beim Hineintragen der ganzen Ikea-Einkäufe aus dem Auto fällt dir auf, dass Hilde die Hälfte ihrer Sachen im Kofferraum vergessen hat. Da wären also noch zwei weiße »Drönjöns«-Zeitschriftensammler, mehrere Küchenutensilien und zwei kleine Rattankörbe. Eigentlich könntest du ihr die Sachen demnächst vorbeibringen. Immerhin ist ein Besuch bei ihr überfällig, und ganz nebenbei könnte man sich tatsächlich mal ein Bild davon machen, wie sie es so mit der Ordnung hält.

Am nächsten Tag packst du die letzten Hagelzuckerkringel in eine Dose und machst dich auf den Weg zu Hilde. Nach kurzweiliger Fahrt ohne Zwischenfälle biegst du in die Oleanderallee ein und danach in die schmucke Auffahrt Nummer 17, die links und rechts von blühenden Rhododendren gesäumt ist. Zu klingeln brauchst du gar nicht – Hilde ist im Carport und poliert mit sichtbarer Hingabe ihre neue Maschine. Als du sie begrüßen willst, taucht neben ihr noch jemand auf – ein fescher End-60iger mit unverschämt guter Figur. Er grinst. Sie auch. »Das ist Wolfgang«, sagt sie. »Er hilft mir mit der Maschine. Hab ihn beim Führerschein kennengelernt«.

Was für eine Überraschung! Und du dachtest, du triffst die Tante beim Häkeln an. Na ja oder am Kaffeetisch. Wobei das Sitzen an jenem ja nun nie falsch ist. Und häkeln auch nicht, im Gegenteil: Wohl dem, der es kann! Kurz driften deine Gedanken zu dem neuen Online-Wolle-Laden, der gerade so schöne Schalwolle verkauft ... Eine Bestellung könnte nicht schaden – die Retourewahrscheinlichkeit ist relativ gering. Aber wo waren wir stehen geblieben? Genau: Hilde schreitet mit einem Grinsen in Richtung Küche und wirft die Kaffeemaschine an.

Flugs folgst du ihr ins Haus, nachdem du Wolfgang ein verschmitztes »Hallo« zugerufen hast. Und bei aller Überraschung über Hildes zweiten Frühling entgeht dir auch nicht, dass es bei ihr astrein aussieht. Als sie eine frische Tüte Kaffeebohnen aus der Kammer holt, erhaschst du einen Blick auf blitzi und kannst sehen, wie er zufrieden an einer Wandhalterung döst. Weitere Geräte hängen in Reih und Glied daneben: Offenbar hat die blitzi-Familie Zuwachs bekommen. Ist das ein Tischstaubsauger? Und ein Staubwedel mit Teleskopstab? Und hat Hilde etwa den neuen Handdampfreiniger in Miniformat mit den drei verschiedenen Aufsätzen zum garantiert schlierenfreien Reinigen jeder Edelstahlarmatur?

»Mach den Mund zu Kindchen«, unterbricht Hilde deinen Gedankengang, während sich Kaffeeduft in der Küche ausbreitet. »Jetzt erzähl mal«, drängst du aufgeregt, aber sie sagt nur: »Wie das Leben so spielt, Kindchen. Ich brauche ja schließlich eine Reisebegleitung, wenn ich mit der Maschine in die Provence düse!«

In die Provence? Nun musst du dich erst mal setzen. Vor deinem geistigen Auge siehst du Hilde und Wolfgang auf ihren Maschinen vorbeifliegen, während sie Lavendel-Fahrtwindwolken zurücklassen. »Nicht setzen, Kindchen«, holt dich Hilde erneut in die Realität zurück und drückt dir eine Kaffeetasse in die Hand. »Du warst so lange nicht da, jetzt lass uns mal durchs Haus gehen! Ich will dir zeigen, was ich alles verändert habe.« Das kommt dir bekannt vor. Nicht am Kaffeetisch sitzen, nein, eine Hauswanderung!

Hilde bringt Wolfgang seinen Kaffee nach draußen und führt dich anschließend zuerst durch den Garten. Wie herrlich! Alles voller Lavendel und lila Eisenkraut, dazwischen ein Flieder, dessen Farbe seinem Namen alle Ehre macht, und ein Meer aus zartvioletten Hortensien. Der Schnittlauch blüht lila (die Radieschen auch) und von der Pergola ergießt sich ein blassblauer Goldregen. »Himmel Hilde, das ist ja alles violett!« »Du hast's erkannt«, lacht sie. »Das ist die Vorfreude auf meine Reise ins Lavendelland!«

Das Lavendelthema setzt sich im Wohnzimmer fort: Lavendeltapete und zartlila Sofakissen, dennoch alles gerade so, dass es einladend und nicht aufdringlich ist. Du bist von deiner letzten Hauswanderung noch geschult auf die Frage »Wie kann ich den Raum noch mit einer Kleinigkeit verbessern?« und rufst spontan aus: »Auf den Tisch müsste jetzt noch eine Vase mit einem getrockneten Lavendelstrauß. Das macht das südfranzösische Ambiente perfekt!«

»Genau«, stimmt Hilde dir erstaunt zu. So viel Anteilnahme hat sie gar nicht erwartet und freut sich. Während sie dich anschließend von Raum zu Raum führt, erzählt sie kleine Anekdoten, und Erinnerungen an deine Kindertage kommen auf, an denen du oft bei ihr zu Besuch warst.

Wann ist Hilde eigentlich zur Ziege geworden? Oder war sie am Ende nie eine? Egal. Ein warmes Gefühl durchströmt dich angesichts all der kleinen Rückblicke und Geschichten, die an diesem Nachmittag wieder zutage kommen. Die Krönung ist ein kleines Fotoalbum von damals, das Hilde aus einer Schublade zieht. Fast wehmütig betrachtest du ein Foto, auf dem du vielleicht vier oder fünf Jahre alt bist. In der Hand hältst du deinen Teddy, und im Hintergrund ist Hilde am Herd mit einer Pfanne zu sehen. »War das der Tag mit dem Pfannkuchen, der an der Decke kleben blieb?«, fragst du. »Ja«, lacht Hilde und fügt hinzu: »Behalt das Album, Kindchen.«

Ein Haus berührt das Herz
nicht mit dem teuersten Möbel,
sondern mit den Geschichten,
die es zu erzählen weiß.

– Haushaltsglück-Weisheit –

Am Ende landet ihr wieder bei Wolfgang im Carport. Du holst deine Dose mit den Hagelzuckerkringeln aus dem Auto und reichst sie herum. Dann sitzen alle kauend auf der Bank vor dem Haus, und Hilde schenkt noch mal Kaffee nach. Das ist Frieden, echte *Quality Time*.

Als du die Heimfahrt antrittst, begleiten Hilde und Wolfgang dich mit ihren Maschinen noch bis zum Ortsausgang, und im Rückspiegel siehst du sie strahlend winken.

My home is my castle

Manchmal sehnt man sich nach Geborgenheit. Nach einem langen, harten Tag heimkommen und sich buchstäblich zu Hause fühlen. Alle Schutzschilder ablegen und sein dürfen, wie man ist. Geliebt werden, wie man ist. Kein Stress, keine Deadlines und keine S-Bahn, die dir vor der Nase wegfährt. Sondern einfach nur alles abwerfen, was du gerade noch mit dir herumgeschleppt hast, und in die Jogginghose schlüpfen: »Willkommen zu Hause.«

Zu Hause ist, wo man nicht
den Bauch einziehen muss.

– Postkarten-Spruch –

Zu Hause ist, wo uns keiner nach dem Namen fragt, weil man uns kennt. Wohin wir nach jedem Kampf, nach jedem Abenteuer zurückkehren. Wo wir nicht ständig etwas zu erklären brauchen, außer wir wollen es so. Wo die Kaffeemaschine treu ihren Dienst tut, ohne uns über den Tresen anzuschreien, uns neue Namen zu geben und die Sahne zu vergessen.

Oft steht das Zuhause auch für Feierabend, für die wohlige Ruhe nach einem heißen Bad und einer leckeren Mahlzeit. Nein, jetzt werden keine Belege mehr sortiert oder Überweisungen getätigt. Jetzt wird der Text nicht zum hundertsten Mal Korrektur gelesen, und jetzt ist auch nicht die Zeit, um zu eruieren, warum sich der Laptop mal wieder nicht mit der Bluetooth-Maus verbindet oder ob du an der »FritziBox« vielleicht doch besser »DSN via TLS« einstellen solltest (und falls ja, wie geht das überhaupt?). Wir müssen auf der Hut sein – denn selbst zu Hause lauern listige Zeitfresser, die uns im Nu die zwei wertvollsten Feierabendstunden stehlen können.

Bloß noch einmal kurz die Welt retten und die Mails checken? Hättest du es lieber nicht getan! Das ganze Urlaubsfeeling ist dahin – dabei bist du erst in Woche eins –, weil eine Nachricht vom Chef darunter war. Das Büro ist offenbar aus dem Häuschen, es gab ein Missverständnis mit einem Kunden und das Ganze fällt eigentlich unter deine Verantwortung. Nun kreisen deine Gedanken bloß noch darum. Hättest du lieber die goldene Regel befolgt und drei Wochen nicht in die Mails geschaut! Hättest du stattdessen lieber eine Hauswanderung gemacht!

Das Zuhausegefühl ist wie ein zartes Pflänzchen, das geschützt werden will. Wir können uns mit einem Kaffee in den Lieblingssessel setzen, den Blick schweifen lassen und die Ruhe spüren: Unsere Möbel, das Ambiente, die Stimmung – hier ist unser Refugium. Hier hat niemand unbefugten Einlass, den wir nicht hereingebeten haben. Wüten draußen auch raue Stürme (in Ostfriesland nicht unüblich) – wir ziehen uns für einen kostbaren Moment in unsere Oase zurück.

Hier bin ich sicher: My home is my castle.

– Haushaltsglück-Weisheit –

Apropos Lieblingssessel und im Raum umschauen: Eine kleine Putzeinheit könnte nicht schaden. Die Fenster sehen ja recht traurig aus, seit du letztens den Rat vom Fenstermann befolgt und die gewünschten Sprossen mit Malerkrepp angeklebt hast. »Sind vier oder sechs Sprossen gewünscht? Längs, quer oder schräg?« Begeistert schwärmt er von den unzähligen Möglichkeiten: »Am besten, Sie kleben es mal so auf die Fenster hin, wie Sie es später haben möchten. Dann bekommt man ein Gefühl, wie der Raum durch die Sprossen wirkt.«

Gesagt, getan. Beherzt klebst du extra viele Sprossen mit Malerkrepp in die Fenster ein, um ein erstes Gefühl zu bekommen. Ein paar Unterteilungen hier, noch ein paar mehr da – und fertig ist das Fensterkunstwerk. Die Fenster zum Garten und die Erkertüren zur Terrasse warten mit neuem Charakter auf – wow! Und was das für die Zimmeratmosphäre macht! Zufrieden trinkst du deinen Kaffee im Lieblingssessel und genießt die mit Sprossen verbleibende Aussicht.

Anderthalb Wochen später trifft dich wie angekündigt der (Voran-)Schlag. Nach angemessener Regenerationszeit fährst du den Fenstermann besuchen und trittst tapfer in die Preisverhandlung ein. Erfreulicherweise kann man sich preislich einigen – bleibt nur noch die Frage, wann denn die neuen Fenster eingebaut werden.

In Anbetracht deiner ja nun völlig verklebten Fenster wäre es praktisch, wenn der Fensterwechsel schnell vonstattenginge. Denn mittlerweile gab es ein paar heiße Tage und die Sonne hat, in der Meinung zu helfen, das Malerkrepp geradezu auf den Fenstern versiegelt. Nur noch die obere Schicht lässt sich mit viel Mühe entfernen – die untere Kreppschicht bleibt hartnäckig auf der Fensteroberfläche haften und präsentiert sich in klebrig-schmierigem Tigerlook. Das abzuschrubben wäre nicht mal einer eigens dafür engagierten Putzfee zuzumuten, zumindest würde sie dafür eine ordentliche Extrazulage verlangen. Und so schaust du mit enthusiastischer Bereitschaft in deinen Kalender und blätterst zur nächsten Woche. »Da müsste es noch passen!«

Die Ernüchterung folgt auf dem Fuße. Der Fenstermann bewegt seine Lippen und bringt surrealistische Klangfarben hervor: »Wir hoffen, dass wir es noch kurz vor Weihnachten schaffen. Allerdings bitte dann vorher keinen Baum aufstellen und keine Dekoration im Wohnzimmer anbringen, das stört alles nur und muss ja raus, wenn wir die Fenster machen.«

Nach einer kurzen Ohnmacht rappelst du dich wieder auf, fährst heim und trinkst erst mal einen doppelten Mokka. Weihnachten! Das ist in sieben Monaten! Und wie war doch gleich der Spruch?

Tausch Fenster und Türen im Winter nicht aus,
sonst kommt dir derweil die Kälte ins Haus!

– Haushaltsglück-Weisheit –

Die Beachtung dieser Regel würdest du jedem mit auf den Weg geben. Du erinnerst dich, wie du im vorigen Oktober in Decken gewickelt ganz nah am Kamin gesessen hast, während die neuen Haustüren eingebaut wurden. Im ganzen Haus herrschte Eiseskälte, dabei waren draußen noch gute zehn Grad. Das wird unterschätzt, im Haus sind wir schließlich das Doppelte gewohnt, und entfällt dies, kommt es schnell zum Zähneklappern. Verzweifelt heizen sich die Heizkörper auf und geben ihr Bestes, aber mit einer ganztägig offenen Hausfront ist da nicht viel zu machen. Bloß der Gasanbieter notiert freudig ein dickes Plus in seiner Bilanz und der Hausarzt ein Rezept für Hustensaft. Andererseits: Nie hast du so produktiv gearbeitet und innerhalb von zwei Stunden ganze Weltwunder vollbracht! Es gab sonst ja nichts zu tun, außer in Eiseskälte durchs Haus zu pirschen. Dann doch lieber dicht am Kamin samt Laptop in dicke Decken einkuscheln und die Zeit produktiv nutzen.

Und nie hast du am Ende eines Tages so dankbar die Haustür geschlossen, nun da wieder eine zum Schließen da war. Immerhin ist das vielleicht die wichtigste Tür, ja sogar das wichtigste Element deiner ganzen vier Wände: die Tür, die Innenwelt und Außenwelt voneinander trennt – und über deren Status nur die Refugiumseigner verfügen. Die Tür, die durch einfaches Schließen das Gefühl von Geborgenheit in uns einströmen lässt, nach dem wir den lieben langen Auswärtstag gedürstet haben.

Ein Hoch auf die Haustür!

– Haushaltsglück-Weisheit –

Jeder (Raum) ist ein Fall für sich

Menschen lassen sich bekanntlich nicht über einen Kamm scheren. Erzähle Hilde, dass sie mit Ida im selben Boot sitzt, und sie hätte wenig Verständnis. Da käme ihre Ziegen-Mentalität wohl schnell wieder zutage. Frage Ida, ob es ihr größter Traum ist, mit dem Motorrad in die Provence zu fahren, und sie würde dankend verneinen und ein Luxus-Ressort vorziehen, wo sie keinen Finger zu krümmen braucht. Gib dem Nachbarn deine Retouren und dafür dem Paketboten frische Hagelzuckerkringel – und du wirst bloß Chaos stiften. Weil Menschen eben nicht austauschbar sind. Jeder ist ein Fall für sich – und das gilt auch für jedes Zimmer in deinem Zuhause.

Bei genauerer Betrachtung wird schnell offenbar: Jeder Raum hat seine Persönlichkeit und seinen eigenen energetischen Charakter. Das glaubst du nicht? Dann probiere doch mal, ein Spiegelei im Wohnzimmer zu braten. Es geht nicht! Das Wohnzimmer ist einfach nicht so hitzig veranlagt. In der Küche dagegen kann es schon mal richtig heiß hergehen, schließlich ist das ihre Aufgabe. Tagtäglich heizen sich Backöfen und Kochplatten auf. Deswegen findet so manche Auseinandersetzung vorzugsweise hier statt. Ist es nicht so? Und dann die Gegensätze! Im selben Raum mit dem heißesten Ort, dem Backofen, befindet sich zugleich auch der kühlste Schrank des Hauses. Also lässt sich wohl sagen: Die Küche ist ein ehrlicher Charakter, mit Ecken und Kanten, aber großem Horizont. Das ist was für Fortgeschrittene. Ob klein oder groß, sie ist der Leithammel unter den Räumen, ein geborener Führungscharakter: das Herz des Quartiers, in dem man sich tummelt, selbst wenn das Wohnzimmer mit noch so vielen Quadratmetern aufwartet. Außerdem kann sie beachtliche Verführungskünste entwickeln und mit dem Duft von frischem Kaffee, Boeuf Stroganoff oder Keksen im Ofen selbst widerspenstige Zeitgenossen überzeugen und gefügig machen, gleich um welches Thema es geht. Mit denselben Düften kann sie auch trösten, wenn mal wieder ein Desaster zugeschlagen hat.

Das Wohnzimmer hat dagegen ein friedlicheres Wesen. Es ist eher der gemütliche Typ. Hier geht es weniger um das Ausfechten von Kämpfen am Büfett oder um hitzige Argumentationen am Esstisch, sondern ums Ausruhen. Um Geselligkeit, Unterhaltung und Entspannung. Oft ist dieser Raum daher auch nicht so aufgeheizt wie die Küche: Man misst dort typischerweise gut ein bis zwei Grad Celsius weniger an Zimmertemperatur.

Und was braucht ein Wohnzimmer, um sich als solches zu qualifizieren? Vielleicht einen Kamin? Einen Blick ins Grüne? Ein Klavier?

Überlege doch ruhig mal: Wie sieht eigentlich dein Traumwohnzimmer aus?

Noblesse oblige – Rückfälle gehören dazu

»Elegant zeigt sich das Sofa aus Buchenholz, das mit einer kunstvoll gebogenen Rückenlehne zum Verweilen einlädt«, so stand es im Katalog, bevor du eine Sekunde später zum Hörer gegriffen und das begehrte Sitzstück bestellt hast. Wie toll würde es sich im Wohnzimmer machen! Diese Eleganz, dieser kunstvolle Schliff, ein klares Muss – und es gibt kein Halten mehr.

Erst hinterher fallen dir deine Vorsätze zum Ballastabwerfen wieder ein. Musste es wirklich dieses Monstrum sein? »Die Bestellung verpflichtet zum Kauf, da es sich um aufwändig restaurierte Einzelteile handelt«, so stand es im Kleingedruckten. Nun ärgerst du dich ein bisschen. Vielleicht wäre es doch besser gewesen abzuwarten – um das gute Stück erst mal auf die Wunschliste zu schreiben. Zu spät, jetzt ist es bestellt. Also machst du gute Miene zum überstürzten Spiel.

Nach gefühlten zwanzig Wochen Wartezeit auf die Lieferung und weiteren zwei Wochen Benutzung ist es so weit: »Noblesse oblige« – das kunstvolle Sitzwerk möchte gereinigt werden. Es zieht Hundehaare geradezu magisch an, und der grün gestreifte Samtstoff ist natürlich nicht – wie soll er auch – von der kunstvollen Rückenlehne abtrennbar, so dass man den Bezug mal eben in die Waschmaschine packen könnte. Ikea lässt grüßen – und Hund und Kind schenken dir angesichts der geplanten Grundreinigung erwartungsvoll-interessierte Blicke. »Das soll nicht das Problem sein«, erklärst du selbstbewusst und schiebst noch einen kurzen Vortrag nach, dass man sich um wertvolle Sachen eben auch gut kümmern muss. Zumindest der Hund bellt zustimmend und beißt kraftvoll in seinen quietschenden Plüschbiber. »Schließlich ist doch klar, dass Qualität ihren Preis hat.« Nein, du bist einfach noch nicht so weit zuzugeben, dass das Sofa ein glatter Fehlkauf war. Dass es sich ganz klar um Ballastanhäufung statt um Ballastbefreiung handelt und damit um einen fatalen Rückschlag. Es ist noch zu früh. Die Wunde schmerzt, aber zumindest sieht es dir keiner an.

Also tapfer sein und den ersten Reinigungsdurchgang angehen: Mit dem Staubsauger die Hundehaare wegsaugen. Dann Kissen runter und alles, was sich dabei noch so findet, vom Sofa entfernen. Dritter Durchgang: Du rückst den Flecken zuleibe und testest dazu das neue Fleckenmittel, das Hilde letztens (gleich vier Töpfe) in dein Putzmittelregal einschleuste. Durchgang vier: Du versuchst, das durch Hildes Fleckenmittel hervorgerufene, mittlerweile tellergroße Fleckendesaster mit dem guten alten Fleckenspray und Schmutzradierer zu minimieren. Das führt dich zu Durchgang fünf: ein gepflegter Espresso Macchiato und dabei die Augen bloß nicht aufs Sofa richten.

Neiiin, auch nicht mit dem Espresso auf das nasse, mit Fleckenspray getränkte Sofa setzen! Vielleicht findet sich irgendwo ein Holzstuhl ohne Polster? Oder ein freier Platz auf dem Boden? Auch nicht? Mal ehrlich: Sitzen ist generell überbewertet. Also tust du am besten was für den Ischias und trinkst den Espresso im Stehen. Möglichst in wechselnder Dehnhaltung der vorderen Oberschenkelmuskulatur.

Liebe deine Vorratskammer

Dabei ergreifst du die Gelegenheit, die Werbeblättchen der regionalen Supermärkte zu durchforsten – zur effizienten Einkaufsplanung. »Gefällt dir eins, kauf gleich drei.« Man weiß ja nie, was das Jahr noch so bringt und wann die Mehlregale wieder leer sind. Oder die Hefe aus. Oder man sich das ordnungsgemäß gekaufte Klopapier auf dem Parkplatz unter den Mantel klemmen muss, damit es auf dem Weg zum Kofferraum nicht geklaut wird, weil gerade Lieferengpass ist. Und Waschseife, Reis und vor allem Kaffeebohnen kann man schließlich nie genug haben, oder? Das gilt allerdings nur für Artikel, deren Haltbarkeitsdatum nicht sensibel ist.

Hamsterkäufe sind mitunter tückisch, denn die gute Absicht kann sich in der Praxis als fatal erweisen. Nämlich wenn man nach gut anderthalb Jahren noch immer auf dem Zeug sitzt, das man gehortet hat. Das fünfzehnte Zitronenduschgel, und du kannst den Geruch nicht mehr ertragen. Dein Haarwaschmittel auf Vorrat – noch zehn Flaschen stehen im Schrank (war immerhin ein super Preis!), und dann stellst du fest, dass es Parabene, Sulfate, Silikone und gar Paraffine enthält. Hättest du nur nicht gegoogelt! Nun ist dir schlecht, und du möchtest dir nie wieder die Haare waschen. Schon gar nicht mit dem Superpreis-Shampoo. Weg damit!

Nun muss dies leider auch in der Sparliste korrigiert werden. Zwölf Flaschen zum Schnäppchenpreis gekauft und 36 Euro gespart. Davon zehn Schnäppchenpreis-Flaschen entsorgt zum Preis von (räusper) und damit die Summe von (räusper) Euro aus dem Fenster geworfen. Macht zuzüglich der anderen Fehlkäufe in diesem Monat (du traust dich, das Sofa mit auf die Liste zu setzen) die Summer von (räusper), die absolut umsonst ausgegeben wurde.

Doch das ist nur eine Seite der negativen Medaille, kommen wir zur Lagerthematik. Nehmen wir an, du machst einen Hamster-Mega-Großeinkauf, der dich über die nächsten zehn Tage bringen soll. Damit verhältst du dich als Bürger vorbildlich, denn das Bundesamt für Bevölkerungsschutz und Katastrophenhilfe empfiehlt bekanntlich Vorräte für zehn Tage – allerdings ungeachtet dessen, ob überhaupt entsprechende Lagerkapazitäten vorhanden sind. Hier gilt: Geht nicht, gibt's nicht! Und selbst die Einraumwohnung verfügt mit etwas gutem Willen über genug Platz für zwanzig Vorratspackungen Klopapier: Zum Beispiel bietet eine Wandregalreihe entlang der Deckenkante vielseitig nutzbaren Stauraum. Wem das Raumbild dadurch zu unruhig wird oder wer sich an der Sichtbarkeit der Klopapierpackungen im Wohnzimmer stört, kann eine Gardinenleiste vor den Regalen einziehen. Problem gelöst.

Spaß beiseite: Zwei Packungen Knoblauchbaguette zum Aufbacken passen meist noch in jeden Kühlschrank oder Tiefkühler. Und wenn du dir mal rasch ein Süppchen kochen willst, freust du dich riesig über ein verfügbares Knoblauchbaguette im Kühlschrank. Oder über ein Schweinerückensteak. Oder über Vollkornreis. Nicht zu vergessen natürlich die Espressobohnen. Auch Milch und Zucker sollten möglichst nicht ausgehen, doch dafür kann man ja sorgen. Eine Notpackung H-Milch und ein paar Kilo Mehl auf Vorrat sind nie eine schlechte Idee. Na gut, und einige Packungen Kekse, schon allein für den nächsten Besuch, der unangekündigt auftaucht. Oder für den nächsten Handwerker, der den Kühlschrank repariert.

Die Vorratskammer hat enormes Potenzial als Unterbringer unserer Vorratsschätze. Und schon allein, damit der Hochregalbau samt Sichtschutzgardinchen im Wohnzimmer entfallen kann, ist es Gold wert, eine zu haben – ob neben der Küche oder im Keller, ob ausgelagert im Anbau oder improvisiert im Schuppen. Und dennoch bleibt sie irgendwie immer der unterbewertetste Raum im Haus. Wenn alle Zimmer ein Upgrade kriegen, sagen wir neue Kissen oder Vorhänge, geht sie leer aus. Dafür darf sie die Erbsen und Bohnen aufbewahren. Während sich die anderen Räume in schönsten Farben ausstaffieren, stellt Muttern bei ihr bloß die Mehlsäcke rein. Sie ist wie der Kandidat im Kollegenkreis, bei dem alle ihren Kram abladen, der aber nie den Bonus erhält. Es ist wirklich traurig – eine Aschenputtel-Geschichte.

Dabei wäre ohne Vorratskammer alles nichts. Sie hilft uns aus jeder Notlage, ist immer für uns da und hält – wenn wir richtig suchen – meistens noch eine Tafel Schokolade für uns bereit, wenn wir schon verzweifelt dachten, es wäre keine mehr im Haus.

Deine Vorratskammer ist die materielle
Verdichtung der Erkenntnis,
dass zu Hause immer die Lösung liegt.

– Haushaltsglück-Weisheit –

Die Vorratskammer will und hütet unser Bestes – und ist, je nach Ausstattung, unser Supermarkt im Haus, ja wirklich! Hier können wir leeren Magens hingehen und die nächste Packung Cornflakes einholen, und das sogar gratis. Ist ja schon bezahlt. Hier können wir hingebungsvoll die nächste Packung Kaffeebohnen aussuchen, uns eine Klopapierrolle stibitzen, eine Flasche Wein, eine Fünf-Minuten-Terrine oder eine Dose grüne Bohnen. Und das ganz ohne Anstellen an der Kassenschlange. Je nachdem, wie ausschweifend wir diese Grundidee ausbauen, könnte sich ein Vorrat an Einkaufskörben lohnen – im Extremfall auch ein bis zwei Einkaufswagen. Letztere bekommt man ja schon für einen Euro.

Ein Dekoladen im eigenen Haus

Je nach Größe der Vorratskammer lassen sich dort auch Dekoartikel verstauen, die gerade nicht in Gebrauch sind: die hellblaue Vase, die dir letzten Monat so gefallen hat, dass du sie für

46,50 Euro unbedingt mitnehmen musstest. Leider passen bloß Gänseblümchen rein, und die kannst du gerade nicht mehr sehen, außerdem riechen die nicht besonders gut. Also aus dem Sichtfeld damit, doch halt – zum Wegwerfen ist sie zu neu und zu schade. Vielleicht ist ihre Zeit einfach noch nicht gekommen? Also einfach abwarten, bis du wieder deine hellblaue Phase hast, und ab mit der Vase in den hauseigenen Dekoshop! Dasselbe gilt für die Kunstmagnolie, die du gerade gegen das Dünengras ausgetauscht hast, die kleine Dekoschreibtafel (momentan fällt dir einfach kein Spruch ein, der sich gut darauf machen würde), die elektrische Kerze (wird eigentlich eher im Herbst und Winter genutzt) und drei Dekokissen, die überall bloß stören (aber: einmal umdekoriert und sie werden vielleicht wieder gebraucht).

Der Vorteil des Dekoladens im eigenen Zuhause ist, dass sich damit spontane Shoppinggelüste wunderbar stillen lassen, ohne das Haus verlassen oder das Internet bemühen zu müssen. Nach zwei bis sieben Mal Gratisshopping daheim hast du flugs eine Rate fürs Biedermeiersofa drin, das du aktuell abzahlst. Außerdem wissen wir manchmal gar nicht mehr, was wir alles besitzen: Wie praktisch, wenn wir uns dessen ab und an in unserem eigenen Shop vergewissern können! Und mal ehrlich: Wer kann schon von sich sagen, einen eigenen Laden im Haus zu haben? Das, liebe Freunde, ist schon ein wahres Haushaltsglück!

Ein Dekoshop zu Hause? Du ziehst sofort los, um dafür erst mal was einzukaufen. Na gut, so war das jetzt nicht gemeint, aber so kann man es auch angehen. Du erwirbst drei elektrische Kerzen, eine Stehlampe, für die du noch keinen geeigneten Ort im Blick hast, einige Aufbewahrungskörbe, die nirgends recht hinpassen, und ein hellblaues Kissen zur hellblauen Vase. Auf dem Rückweg noch schnell beim Discounter vorbei und den Kofferraum auffüllen:

Reis und Küchenpapier waren im Angebot, die türkise Kühlbox war eine einmalige Chance zum Schnäppchenpreis und Sekundenkleber braucht man schließlich immer. Das Laminiergerät aus dem Sonderpostenbereich musste einfach mit. Hach ... und der kleine handliche Dampfreiniger im Miniformat stand schließlich schon lange auf der Wunschliste!

Gut, die Leuchtstäbe für Sankt Martin hätte es vielleicht nicht unbedingt gebraucht, denn zu spät fällt dir ein, dass das Kind in der Zwischenzeit ja fünf Jahre älter geworden ist. Aber für die kleine Plastikgießkanne wird sich gewiss irgendwo Verwendung finden, und Taschenlampen kann man ja schließlich auch nie genug haben. Nicht mehr ganz sicher bist du dir, ob die zwanzigste Miniglasvase (schon wieder eine Vase?) und das betongegossene Zierornament (es sieht irgendwie so französisch aus) hätten sein müssen, aber sei's drum.

Seltener Besuch

Als du vom Großeinkauf heimkommst, erwartet dich eine Überraschung. Jemand sitzt auf der Bank vor deiner Haustür. Ist es möglich – kann das Ida sein? Mensch, so lange nichts gehört! Du wähntest sie eigentlich auf Hawaii oder zumindest auf Mallorca. Und warum hat sie zwei große Koffer dabei? »Ida, erzähle, was ist passiert?«

Ida murmelt etwas von »Job verloren« und will sich nicht weiter erklären. Jedenfalls ist ihre nächste Luxusreise gecancelt und unglücklicherweise auch ihre Wohnung gekündigt. »Kann ich bei euch ...?«, fragt sie. »Wäre ja nur für ein paar Tage. Oder Wochen.

Jedenfalls brauche ich eine neue Bleibe und irgendwie auch … ein ganz neues Leben?«

Mit roten Augen guckt sie dich etwas unsicher an, aber deine Antwort steht schon fest, bevor sie ausgesprochen hat. »Na klar, komm erst mal rein. Wir finden schon eine Lösung. Wo sind denn deine ganzen Sachen? Möbel und so?« Sie erklärt, dass sie ihren Hausstand in einer Lagerbox zwischengelagert hat. Die ganzen Möbel aus über 200 Quadratmetern! Du schnappst nach Luft. »Und was willst du jetzt damit anfangen?«

Aber Ida sieht gerade so unglücklich aus, dass du beschließt, auf die Antworten zu verzichten und vorerst auch keine weiteren Fragen zu stellen. Es ist höchste Zeit für einen erquicklichen Imbiss auf der Terrasse. Du lotst sie ins Haus und dann auf direktem Weg raus auf die Sonnenliege. Ihre Miene hellt sich sichtbar auf. Fast als sei sie wieder sie selbst, fragt sie: »Hast du vielleicht einen Gin Tonic? Oder wenigstens einen eisgekühlten Hugo? Gern mit etwas Minze und einer Zitronenscheibe!« Sprach's und legt unter dem schattigen Sonnenschirm zufrieden die Beine hoch. So als sei es keine Frage gewesen, sondern eine Bestellung.

Etwas erstaunt machst du auf dem Absatz kehrt. Na, das war ja mal ne schnelle Stimmungswandlung. »Ich bringe gleich was!« Wär doch gelacht, wenn nichts da wäre, oder? Sicher, ein Hugo ist keine schlechte Idee. Holunderblütensirup sollte man eigentlich immer da haben, das passt zu allem. Auch wenn du selbst dazu nicht unbedingt Prosecco brauchst, dir reicht schon ein kühles Mineralwasser und ein Schuss Zitronensaft. Apropos Zitronensaft – du hattest doch gestern Abend noch Eistee gemacht!

Und jetzt? Ein Eistee für Ida!

Eistee im Kühlschrank zu haben ist ein kleiner Luxus, der vor allem an heißen Tagen das Herz höher schlagen lässt. Nur ein paar Handgriffe sind nötig – und ein paar Stunden zum Abkühlen – und schon haben wir uns selbst und der Familie eine Freude gemacht. Übrigens macht es auch bei unerwarteten Gästen mächtig Eindruck, wenn wir mit einer selbstverständlichen Geste einen selbst gemachten Eistee aus dem Kühlschrank zaubern.

So geht's:

Einen Liter Wasser aufkochen und einen Krug bereitstellen. Zwei Teebeutel Schwarztee hineinhängen, nach Geschmack vier bis sechs Teelöffel Zitronensaft in den Krug geben und einen Esslöffel Honig. Das Wasser aufgießen, die Teebeutel nach zwei Minuten rausnehmen. Mehrmals gut umrühren, damit Zitronensaft und Honig sich gut mit dem Tee vermischen. Den Eistee abkühlen lassen, danach für einige Stunden (am besten über Nacht) im Kühlschrank kalt stellen.

Das ist typisch für dich

Der Eistee ist eine wunderbare Erfrischung, und Ida lässt ihn sich gerne schmecken. Danach döst sie auf dem Lehnstuhl in der Sonne ein, und du räumst die Gläser ab. Auf dem Weg zur Küche jonglierst du mit dem Tablett samt Gläsern und fällst dabei fast über Idas Koffer, die den kompletten Flur verstopfen. Just in diesem Moment fällt dir ein, dass ja auch noch die ganzen Einkäufe im Auto sind.

Also schnell den Wagen ausräumen. Bei der letzten Runde machst du noch einen Stopp am Briefkasten. Was ist das? Eine Postkarte von Hilde! Sag bloß, die sind schon unterwegs? »Hallo Kindchen, wollte mich nicht erst verabschieden, sondern mich lieber gleich aus der Sonne melden: Sind in der Provence! Ein paar Tage in Antibes, bis wir weiterfahren nach Nizza. Es ist herrlich hier! Halt die Ohren steif, ich melde mich wieder! Hilde«

Mit der Postkarte im Schlepptau gönnst du dir erst mal eine wohlverdiente Espressopause – allein – in der Küche. Das passt gut, denn Ida schläft immer noch. Nachricht von Hilde, wie schön! Du drehst die Karte um und betrachtest die Abbildung. Sie zeigt das Picasso-Museum im Grimaldi-Schloss. Der Himmel ist stahlblau, und du kannst dir lebhaft vorstellen, wie Hilde und Wolfgang ihre Tour in vollen Zügen genießen. Wie sie nach dem Gang durchs kühle Museum auf den Wochenmärkten kleine Lavendelkissen kaufen und verschiedene Olivenöle auf Baguette probieren. In Gedanken willst du gerade schon selbst in ein Olivenöl-Baguette beißen – als du unsanft aus deinem Tagtraum gerissen wirst. »Gibt's noch Eistee?«

Ida. Was wohl der Rest der Familie zu ihrem unerwarteten – und zeitlich bisher nicht befristeten – Besuch sagen wird? Daran hast du noch gar nicht gedacht.

Du bringst Ida in deinem Büro unter, wo eine Matratze auf den Boden gelegt wird. Für ein paar Tage wird das schon gehen, doch für länger ist es eigentlich keine Lösung. Ebenso wenig wie du Lust hast, sie weiterhin zu bedienen, ohne dass sie mithilft, aber das lässt sich ja vielleicht mal dezent ansprechen. »Zeigst du mir das ganze Haus?«, fragt sie spontan, und du musst schmunzeln. Das ist jetzt die vierte Hauswanderung in Folge. »Na klar, los geht's!«

Euer Spaziergang durch die Räume dauert eine ganze Weile. Ida sieht sich mit Interesse alles an und hat erstaunlicherweise ziemlich viel Ahnung von Einrichtung. An einigen Stellen bringt sie Ideen ein, und manchmal muss sie lachen und sagt: »Die Farbe ist so typisch für dich!« Oder: »Genau so hätte ich es mir bei dir vorgestellt.« Ein Haus sagt eben so einiges über seine Bewohner aus.

Bewandere dein Haus doch mal
mit den Augen eines anderen
– ein erfrischender Perspektivwechsel!

- Haushaltsglück-Tipp -

Herzensschätze

»Und was sind deine Herzensschätze?«, fragt Ida. »Was genau meinst du damit?«, fragst du zurück. »Na ja, Gegenstände oder Möbel, die dir am Herzen liegen. Mit denen du eine Geschichte verbindest, ein schönes Erlebnis. Oder die schon lange in der Familie sind. Eben Sachen, die du besonders magst und als letztes hergeben würdest.« Du überlegst, und dir fällt der kleine Teddytalisman aus Bronze ein, den deine Oma dir als Kind geschenkt hat. »Man kann sich etwas von ihm wünschen«, hat sie damals gesagt. Oder die große Druckerschublade, die ein begeisterter Flohmarktfund war und die du tapfer gefühlte Kilometer bis zum Auto gewuchtet hast. Jetzt hängt sie als Setzkasten an der Wand.

Dir fällt wieder ein, dass du als Kind eine Schachtel mit Schätzen hattest, platziert an einem geheimen Ort. Den Lieblingsaufkleber, der zu kostbar war, um ihn aufzukleben, ein kleiner gemusterter Schreibblock und ein gefundener Angelhaken. In besonderen Momenten wurde die Schachtel feierlich geöffnet, um die Schätze in Ruhe zu betrachten.

»Oft macht man sich gar keine Gedanken über diese kleinen Schätze«, ruft dich Idas Stimme wieder in die Gegenwart. Wie recht sie hat! Ist der kleine Bronzeteddy nicht alles, was dir von der Oma noch bleibt? Plötzlich wird dir sein enormer Wert bewusst: »Ida, da sagst du was. Man sollte sich mal klarmachen, welches die Herzensschätze sind, um ihnen einen besonders schönen Platz zu geben!« Bislang fristete der kleine Talisman ein vergessenes Dasein in der Schublade, doch jetzt bekommt er einen Ehrenplatz auf dem Nachttisch und wird wieder regelmäßig mit Wünschen beauftragt!

Ida wird nachdenklich und zieht aus ihrer Hosentasche ein kleines Medaillon mit Deckel: »Ich habe es immer bei mir, auch auf Reisen.« Sie öffnet es und im Inneren befindet sich das Foto einer Frau. »Meine Mutter«, kommentiert sie. »Meine Eltern trennten sich, und sie starb, als ich siebzehn war. Seither habe ich im Grunde nur gearbeitet, und sobald ich es mir leisten konnte, bin ich in jedem Urlaub verreist. Ich hatte ja quasi kein Zuhause mehr.«

»Das erklärt einiges«, denkst du dir und siehst Ida überrascht an. Welch seltener Blick hinter ihre ansonsten so schnieke Fassade, die man fast für arrogant halten könnte. Bisher hat sie nicht viel mehr als eine sympathische, doch vor allem dem Luxus verbundene Karrierefrau durchblicken lassen. Du fasst dir ein Herz und sagst: »Ida, du bist hier willkommen und kannst bleiben, solange du willst. Allerdings musst du dann im Haushalt mit anpacken. Du wirst sehen, es ist gar nicht so schlimm!« Ida klopft dir auf die Schulter und lacht erleichtert: »Und ich dachte schon, du wolltest mich mit deinem ernsten Blick wieder vor die Tür setzen! Hand aufs Herz, ich verspreche feierlich, ein wahres Haushaltsglück zu sein!«

Putzen mit gezieltem Zusatznutzen

Du putzt heute das Schlafzimmer, bloß weil eben Freitag ist und es auf dem Programm steht? Falsch. Also zumindest aus haushaltsglücklicher Sicht. Denn aus dieser richtet sich dein Putzplan nach deinen Erfolgs- und Lebenszielen – und nicht danach, ob Freitag, Putztag oder Waschtag ist. Warum?

Du weißt es längst: Eine haushaltsglückliche Tätigkeit zeichnet sich dadurch aus, dass Putzen nicht nur ein sauberes Resultat, sondern vor allem einen emotionalen Zusatznutzen erzielt. In erster Linie sind dies Erfolgsgefühle, das heißt, du fühlst dich gut. Dieses Wohlgefühl wirkt dann zugleich auf dein Resonanzfeld ein, so dass du magnetisch wirst für weitere Erfolgserlebnisse. Das ist sozusagen das Haushaltsglück-Basiswissen und besser, wir rufen es uns einmal mehr in Erinnerung. Wir können ja nun nicht den lieben langen Tag bloß über Kaffee reden, obwohl das Thema natürlich verlockend ist. Also zurück zum Dominoeffekt des haushaltsglücklichen Erfolgsgefühls: Dein Resonanzfeld wird magnetisch für weitere Erfolge – und nun kommt ein wichtiger Punkt: Es nimmt dabei auch gern Anregungen von dir entgegen, in welche Richtung es denn gehen soll. Willst du zum Beispiel einen Erfolg im Bereich Gesundheit? Oder im Bereich Geld? Oder in deinen Beziehungen? Überlege bei einem stärkenden Espresso, wonach dir ist!

Es folgt die Aktion: Du verortest die nächste Putzeinheit gezielt in der Räumlichkeit oder Hausecke, die thematisch am besten zur anvisierten Erfolgssparte passt. Einige Beispiele hatten wir bereits: Willst du Erfolge in deinem äußeren Erscheinungsbild sehen, wäre zum Beispiel der Kleiderschrank geeignet, um klar Schiff zu machen und Platz für neue Stücke zu schaffen (das kann der Grundstein zu deiner Filmkarriere sein, du erinnerst dich?). Wenn der Zusatznutzen im Bereich Gesundheit liegen soll, könnte das Schlafzimmer ein Kandidat für eine Grundreinigung sein (besserer Schlaf), ebenso der Kühlschrank (gesündere Ernährung), ein eventuell vorhandener Sportraum (eine freundlichere Einrichtung schafft mehr Motivation, den Raum direkt auch mal zu nutzen) oder auch das Bad. Dort schaffe zuerst ein angenehmes Wellnessambiente (strahlende Flächen, gerollte Handtücher, vielleicht ein Magnolienzweig und kleine Gläser mit Teelichtern?), bevor du nach all der Anstrengung ein wohlverdientes heißes Bad nimmst.

Grübelst du seit Tagen über ein bestimmtes Problem, für das du fieberhaft eine Lösung suchst? Dann nimm dir die Vorratskammer vor, um hier ein wenig Ordnung zu schaffen. Denn zu Hause liegt immer die Lösung – und der Vorratsraum ist geradezu die Verdichtung dieser Einsicht (siehe weiter oben). Hier wirst du also in jedem Fall eine Lösung finden – und falls nicht, dann mit Sicherheit irgendetwas anderes, denn der Raum ist eine wahre Fundgrube.

Soll der Erfolg der Karriere gezielt gepusht werden, optimiere deinen Homeoffice-Raum. Frage dich, wie er dich in Zukunft noch besser unterstützen kann. Noch ein Whiteboard an der Wand? Noch ein zweiter Tisch oder ein paar Organizer, um mehr Ordnung zu schaffen? Die vielen Ordner in unterschiedlichen Formen und Größen, die zum Teil schon uralt sind, alle mal einheitlich machen und frisch beschriften? Oder noch besser: Alle mal durchsehen und ausmisten, was wegkann? Der Möglichkeiten gibt es viele, und sie müssen nicht kompliziert oder teuer sein. Willst du in Reichtum schwimmen, dann ordne in jedem Fall zuerst deine Kontoauszüge und verschaff dir einen genauen Überblick über deine Finanzen. Natürlich ist es verlockend, dies stets zu verschieben oder schleifen zu lassen, doch du wirst sehen: Bloß eine Viertelstunde haushaltsglückliches Sortieren verschafft dir bereits ein ganz neues Gefühl für die Dinge. Und mal ehrlich – schaden kann es keinesfalls, den ganzen Papierkram mal wieder gründlich in Ordnung zu bringen.

Das Grundprinzip ist klar? Bei alledem sei daran erinnert, dass es sich hier mitnichten um die Aufforderung zu langwierigen Putzorgien oder mühsamen Aufräumnächten handelt. Haushaltsglück ist nur ein solches, wenn kurze Putzeinheiten erfolgen, die genug Zeit für Belohnung, Entspannung und Nachfreude lassen – und natürlich für das Auskosten der Erfolgsgefühle. Größere Projekte dürfen daher gern auf mehrere Tage oder Wochen verteilt werden.

Wenn du öfter Gäste möchtest, dann setzt du am besten im Gästezimmer an oder auch in der geselligen Gestaltung des Wohnzimmers. Zur Sicherheit poliere das Namensschild an der Tür, damit die Gäste wissen, dass sie am richtigen Haus sind. Hast du all dies vernachlässigt und auch niemanden eingeladen, dann kann es bloß noch passieren, dass ein Gast sich bei dir verirrt oder dass er ungeladen vor der Tür steht, so wie Ida. In diesem Fall hat dann das Universum selbst das Ruder in die Hand genommen, weil es einfach wusste, was gut für dich ist. Du brauchst also keine Sorge zu haben, dass du bei deinen gezielt anvisierten Erfolgsbereichen vielleicht einen wichtigen Bereich vergessen könntest: *Big Brother is watching you!* Im Sinne von: Was du übersiehst, bekommst du von oben serviert.

Die Wochen vergehen, und tatsächlich läuft es mit Ida überraschend gut. Vormittags schmeißt du sie aus deinem Büro, weil du dort arbeiten willst, aber das macht ihr nichts aus, denn nach einem Espresso verlässt sie das Haus und hat allerlei Dinge zu regeln. Abends wird mit der Familie gemeinsam gekocht, und da überrascht dich Ida erneut, denn sie stellt sich als hervorragender Koch heraus. Von ihren Reisen hat sie stets Rezepte mitgenommen und sich in den Ländern nicht nur für Cocktails, sondern auch für die Landesküche interessiert. Und so kommt es, dass sie mitunter am Nachmittag mit vollen Einkaufstüten eintrudelt und ankündigt: »Heute ist griechischer Abend!« Eine Woche später ist spanischer Abend und alle lieben Idas Paella. Es folgen indische, englische und italienische Abende sowie allerlei exotische Gerichte, deren Namen du nicht aussprechen kannst, die aber vorzüglich schmecken. Nicht selten gesellt sich zu Idas leckerem Essen anschließend ein Spieleabend oder ein Glas Wein beim Feuer auf der Terrasse, bevor der Tag ausklingt.

Wie lange hast du dich schon nicht mehr so wohlgefühlt? So sorglos und selbstverständlich in den Tag gelebt? »So locker«, wie Hilde sagen würde? Es ist herrlich, nicht jeden Tag selbst kochen zu müssen – und allzeit eine Freundin im Haus zu haben für einen Plausch beim Nachmittagskaffee oder einen spontanen Einkaufsbummel. Vorteilhaft ist auch, dass Ida sich geradezu ums Gassigehen mit dem Hund reißt, was dir öfter als früher eine ruhige Minute zum Beine-Hochlegen beschert – also rundum eine Win-win-Situation.

Einmal erkundigst du dich aber doch bei ihr, wovon sie eigentlich ihre Einkäufe fürs Essen bezahlt. Sie lacht: »Ich verkaufe tatsächlich meine Büroanzüge. Waren alles teure Markenklamotten.« Sie nennt dir den Preis, den sie unlängst für einen gebrauchten Anzug erzielt hat, und dir stockt der Atem. Davon hättest du locker dein Wohnzimmersofa bezahlen können, das du immer noch in Raten abstotterst!

Auch ihre teuren Designermöbel veräußert Ida nach und nach – und du verzichtest vorsichtshalber darauf zu fragen, was sie dafür so einfährt. Tatsache ist: Sie spielt mit dem Gedanken, sich eine Einraumwohnung zu kaufen. »Das Startkapital müsste rausspringen, wenn ich die Möbel gut loswerde, sagt sie. Ich brauche keine 200 Quadratmeter mehr, im Gegenteil!« Du freust dich, dass die Freundin Zukunftsperspektiven gewinnt, aber du hast es nicht eilig damit, Ida wieder gehen zu lassen. Sie ist schon fast Teil der Familie geworden. Vielleicht findet sie ja einen Job in der Nähe?

In der Post wartet wieder eine lila beschriftete Postkarte. »Die kann ja nun nur aus der Provence kommen«, denkst du dir und überfliegst eilig die Zeilen: »Kindchen, die Wochen vergehen wie im Flug. Hier scheint immer die Sonne, das kannst du mir glauben. Die Altstadt von Nizza ist traumhaft. Melde mich wieder: Hilde.«

Wie schön, von ihr zu lesen! Plötzlich schleicht sich Sehnsucht in dein Herz: Südfrankreich. Noch in diesem Sommer. Das wäre zu schön.

Mittsommer-Höhenflüge

Ida stürmt zur Tür rein und ist ganz aufgeregt: »Du, ich hab eine Wohnung gefunden!!« Sie macht einen Luftsprung, landet wieder am Boden und fährt fort: »Meinst du, wir könnten bei einem Flohmarkt mitmachen?«

Du siehst sie erstaunt an: »Jetzt mal langsam – was denn für eine Wohnung?« Ida erklärt mit schnellen Worten und glänzenden Augen und verhaspelt sich vor Aufregung drei Mal. »Sie ist bloß ein paar Straßen entfernt, und sie hat einen kleinen Balkon! Genau das, was ich gerade suche, und bezahlbar ist sie auch!« Das klingt fantastisch. Ihr fallt euch in die Arme und nach einem kleinen Freudentanz sagst du: »Okay und Flohmarkt? Wie hast du dir das vorgestellt?«

Ida erklärt, dass sie im Lager noch einigen Kram und kleine Möbelstücke hat. »Das kann alles weg«, sagt sie und wirft die Arme in die Luft, so als wolle sie sich befreien. »Quasi eine Wohnungsauflösung, verstehst du? Ich will ganz neu durchstarten, ganz unbelastet. Außerdem kann ich dann die Lagerbox kündigen – und noch etwas Kleingeld für den Umzug kann auch nicht schaden.«

Das leuchtet ein, und beim Kaffeetrinken macht ihr ein gemeinsames Brainstorming: »Mal sehen: Das Ambiente muss passen, wir haben Sommer, also auf jeden Fall draußen«, sagst du. »Aber so schnell sind keine Flohmarktstände im Umkreis mehr buchbar«, stellt Ida entmutigt fest, nachdem sie sich eine halbe Stunde ans Telefon gehängt hat. Da kommt dir eine Idee: »Ich hab's: Wir veranstalten selbst einen Gartenflohmarkt am Mittsommertag und grillen dabei!« Idas Augen leuchten. »Das würdest du machen? Dann haben wir aber viel vor, mit Vorbereitung und so. Du bist dir sicher?« »Absolut«, nickst du – und es folgt ein zweiter Freudentanz. »Lass uns gleich mit der Planung loslegen!«

Bis zum Mittsommertag sind es noch knappe zwei Wochen voll tatkräftiger Aktion: Einladungskarten werden an Freunde und Bekannte verteilt, eine Annonce wird im lokalen Blättchen aufgegeben. Flyer werden in Briefkästen gelegt und Hinweisschilder auf den Gartenflohmarkt werden in den umliegenden Supermärkten aufgehängt. Ida lässt ihre Sachen von der Lagerbox zum Haus bringen und stellt sie erst mal in der Garage unter. Als der große Tag da ist, stehen die Flohmarkttische bereit und zum Glück strahlt die Sonne. Ida platziert munter ihr Hab und Gut für den Verkauf, der Grill ist angeheizt und an den Bäumen hängen bunte Wimpelketten aus Papier. Pünktlich um 12 Uhr wird die Gartenpforte geöffnet – und bis zum frühen Abend reißt das Interesse der Besucher nicht ab. Der Verkauf läuft blendend, ein paar Freunde bleiben zum Helfen da – und der Tag wird ein voller Erfolg.

Kurz nach 18 Uhr wird es ruhiger. Zumindest für einen Moment. Denn plötzlich ist auf dem Feld neben dem Garten ein ziemlicher Lärm zu hören. Durch das Gebüsch lässt sich die Lärmquelle nicht gleich orten, doch dir entgeht nicht, dass Ida ganz hibbelig wird. Sie sieht auf ihre Armbanduhr und verkündet: »Leute, wir müssen los! Überraschung!«

Gesagt, getan. Ein kleiner Weg führt vom Garten zum Feld, und du kannst die Überraschung in voller Größe erkennen: ein Heißluftballon wird aufgepumpt. Ida begrüßt schon den Piloten: »Die Bodencrew wird den Ballon von unten mit dem Transporter verfolgen«, erklärt er, »denn wir können ja nicht vorher wissen, wo der Ballon nachher genau landet. Mit dem Transporter werdet ihr dann wieder nach Hause gefahren.« Ida nickt und dreht sich dann zu dir: »Mein Geschenk an euch!«, sagt sie und hat eine kleine Träne im Auge. Du bist sprachlos.

Wenig später erhebt sich der Ballon und schwebt langsam in Richtung Abendhimmel. Dein Haus und der Garten werden immer kleiner, bis sie sich in einer Menge aus anderen Häusern und Gärten auflösen. Von innen hast du dein Haus bewandert, von außen hat es dich immer wieder willkommen geheißen – und nun siehst du es von oben. Schwebst über allem und weißt zugleich, dass du da unten einen Anker hast. Ein Refugium, das dir gehört und auf dich wartet – selbst nachdem du mal kurz über den Wolken warst.

Sommerfrische

Die nächsten Wochen bringen viel Wirbel. Ida hält glücklich den Schlüssel zu ihrer neuen Wohnung in Händen. »Das könnte mein erstes richtiges Zuhause werden. Also wo ich mich auch zu Hause fühle«, sagt sie und hat wieder diesen Glanz in den Augen. Ein früherer Arbeitskollege von ihr hat sich selbstständig gemacht und ihr einen Halbtagsjob angeboten, mit Option auf viel Homeoffice. »Und mal schauen, was ich in der übrigen Zeit mache, ich hab so viele Ideen …« Schnell wirfst du ein: »Also in jedem Fall kommst du ganz oft zu uns kochen. Und nachmittags zum Kaffee auf der Gartenbank. Abgemacht?«

Dann steht das Streichen von Idas Wohnung auf dem Programm, und du wirfst dich noch schnell in Malerklamotten. Auf dem Weg nach draußen winkt im Briefkasten ein neues Kärtchen von Hilde. Deine Augen fliegen über die Zeilen, und du sinkst auf die Bank vor dem Haus. »Hallo Kindchen, wir haben beschlossen, erst mal hier zu bleiben. Wolfgangs Bruder hat hier ein kleines Ferienhaus, das schon länger leersteht.«

In der Provence? Die Überraschungen mit Hilde nehmen scheinbar kein Ende. Doch diesmal wird dir das Herz ein bisschen schwer. »Sie bleibt? Hoffentlich nicht allzu lange!« Denn dann würdest du doch etwas vermissen. Du liest weiter: »Wir haben es für ein paar Monate gemietet – erwarten euren Besuch!«

Du starrst auf die Karte. Na, warum eigentlich nicht? Das wäre doch ein herrlicher Abschluss der Sommerzeit. Dein trauriges Herz fühlt sich plötzlich wieder lebendig, und du steckst die freudige Überschussenergie ins Streichen von Idas Wänden. »Warum nicht?«, bestärkt sie dich. »Ich brauche hier eh erst mal ein paar Wochen, um mich einzurichten und mein neues Leben zu starten. Und selbst wenn Hilde danach noch in der Provence bleibt, bin ich ja jetzt auch da!«

»Stimmt«, denkst du. Auf fast feierliche Weise fühlt sich alles gerade sehr gut an. Ganz genau richtig und gut. Wer geht, kommt vielleicht wieder, oder man kann ihn besuchen. Wer neu ankommt, stellt vielleicht fest, dass er sich am neuen Ort zu Hause fühlt. Und wer sein Zuhause liebt, der kann ruhig auch mal eine Ballonfahrt unternehmen. Oder in den Süden fahren. »Manchmal«, denkst du dir, »braucht man im Leben gar nicht viel zu tun oder zu kämpfen. Da reicht es schon aus, wenn man den Dingen nicht im Weg steht – und dann fließt alles wie von selbst.«

Nimm Erfolge als das, was sie sind – die logische
Konsequenz von Haushaltsglück
plus einer Menge Milchkaffee.
Und das Wichtigste: immer locker bleiben.

– Haushaltsglück-Weisheit von Hilde –

Locker bleiben ist nicht immer leicht, vor allem, wenn gerade mal wieder alles hart auf hart kommt. Doch irgendwo liegt immer ein Mikrofaserlappen, und irgendwo steht immer noch eine Flasche Essigessenz. Irgendwo arbeitet immer eine Kaffeemaschine am nächsten Milchkaffee. Und in irgendeinem Raum wartet immer eine Ecke auf dich, die sich nach Zuwendung sehnt. Geh zu ihr und nimm dich ihrer an. Räume auf, sortiere neu, bring Klarheit ins Chaos und Licht ins Dunkel.

Dann betrachte dein Werk und freu dich darüber. Wenn du dich wohlfühlst, nur ein bisschen wohler als vorher, dann hast du dir und der Welt einen Dienst getan. Dann kannst du dich glücklich schätzen, und wer glücklich ist, hat das große Los gezogen: Er kann sein Glück mit anderen teilen.

Kleines Haushaltsglück-ABC

Dieses Kapitel bietet dir haushaltsglückliche Unterstützung zur Anhebung ungünstiger Stimmungslagen. Du bist zwar jetzt Haushaltsglück-Profi, doch es könnte ja sein, dass dich trotzdem mal ein Tief ereilt. Oder eine Ratlosigkeit. Und wo wären wir denn, wenn dir dann nicht geholfen würde? Bestimmt nicht im Haushaltsglück!

Zu Hause gibt es immer eine Lösung. Aber warum erst lange grübeln und suchen? Wenn du dieses Erste-Hilfe-ABC zur Hand hast, bist du stets für den Ernstfall gerüstet: Zu jeder Tages- und Nachtzeit – und sogar offline – sind die folgenden Tipps und Soforthilfen verfügbar. Sie sind alphabetisch geordnet, so kannst du in brenzligen Momenten schnell unter dem richtigen Buchstaben nachschlagen. Du siehst also: Von jetzt an stehst du nicht mehr ratlos da – und jedes Tief kann höchstens temporär sein. Im Großen und Ganzen sind das doch glänzende Aussichten, oder?

Du hegst noch letzte Zweifel, ob du einer haushaltsglücklichen Zukunft gewachsen bist? Dann sei dir der Buchstabe V empfohlen mit dem Stichwort Vertrauensvorschuss – oder auch der Buchstabe E: Ergebnisse lügen nicht.

Du fragst dich, ob du erst Hildes Einwilligung brauchst, bevor du dich haushaltsglücklich betätigst? Die Antwort findest du ebenfalls unter E – wie Erlaubnis. Unter E werden natürlich auch E4-Probleme angesprochen. Falls du jedoch lieber Dampf ablassen willst, mach dich unter D schlau, welche Methode sich anbietet.

Das Beste: Du kannst das Haushaltsglück-ABC auch in kleinen Etappen lesen und brauchst es nicht brav von vorne bis hinten durchzugehen. Es reicht, wenn du es für den Notfall in der Hinterhand hast, wie einen Regenschirm. Denn bekanntlich regnet es ja bloß dann, wenn wir das Haus ohne Schirm verlassen.

A

Ärger

Du kochst innerlich vor Wut und bist kurz davor, sie lautstark an jemandem auszulassen? Nicht doch – verschwende nicht deine wertvolle Energie! Für eine Aromatherapie sofort den Dampfreiniger schnappen, 10 Tropfen ätherisches Öl (zum Beispiel Orange) mit in den Wassertank geben und los geht's. Vorher das Durchsaugen nicht vergessen.

Halt – wolltest du den gebrauchten Lappen vom Dampfreiniger schon in die Wäsche werfen? Benutze die saubere Rückseite doch schnell noch für die Bodenleisten, für Flecken an den Türrahmen oder die Fronten der Küchenschränke! Fertig: Alles strahlt und duftet nach Orange. Und du hast deinen Gefühlen ein Ventil gegeben. Jetzt kannst du nicht anders, als dich wohler zu fühlen als vorher. Ärger gelindert?

Ausgeglichenheit

Willst du wieder in Balance kommen, dann stell zuerst in deinem Zuhause die Ordnung wieder her. Auf Dauer lässt sich innere Ausgeglichenheit schwer bewahren, wenn die eigenen vier Wände aussehen wie das blanke Chaos.

Schnellstart: Lege drei Einheiten ein, in denen du jeweils für fünf Minuten sinnvolle Handgriffe machst – schon fühlst du dich ruhiger. Pausiere zwischen den Einheiten, bewundere dein Werk und gönn' dir einen Kaffee.

Ausgepowert

Du fühlst dich ausgepowert? Schließe alle Geräte an ihre Aufladestationen an. Füttere alle Haustiere. Gieße alle Blumen und tanke den Wagen auf. Gönn dir ein warmes Essen, ein Bad und eine Mütze Schlaf. Jetzt müsste ein Gefühl von umfassender Batterieaufladung spürbar sein.

Dampf ablassen

Während du im Badezimmer Waschbecken und Spiegel polierst, kannst du endlich mal richtig Dampf ablassen. Erzähle dem Putztuch alles, was dich bedrückt. Schimpfe auf jeden, der dir in den Sinn kommt, tu deine Enttäuschung über die jüngsten Ereignisse kund und gib deinem Unmut darüber Ausdruck, dass der Tag sowieso im Eimer ist. Die Armaturen werden sich freuen, wenn sie endlich mal was Interessantes zu hören kriegen.

Du möchtest laut werden? Einfach vorher zur Geräuschübertönung den Staubsauger anstellen und nebenbei den Boden saugen. Zwei Fliegen mit einer Klappe!

Willst du das Dampfablassen wörtlich nehmen, bleibt nur eines: Wirf den Dampfreiniger an. Im Handumdrehen kannst du dich wieder im Küchenboden spiegeln – und die Wut ist wie weggeblasen. Das muss man einfach mal am eigenen Leib erlebt haben.

E

E4

Dein Haushaltsgerät zeigt immer wieder E4 an? Nimm es ernst. Es könnte daran liegen, dass das Gerät sich nicht wertgeschätzt fühlt. Verbringe eine Kaffeepause mit ihm, und höre ihm einmal aufmerksam zu. Widerstehe dem Impuls, gleich wieder von dir erzählen zu wollen. Versuche herauszuhören, wie es zu E4 kommen konnte, und übe dich in Empathie. Das ist in jedem Fall beziehungsfördernd – danach sollte in Bezug auf die Fehlermeldung merkliche Besserung eintreten.

Einfacher leben

Wir leben in komplexen Zeiten, doch Haushaltsglück ist die Einladung, dem Komplizierten mit dem Einfachen zu begegnen. Während schwierige Umstände im Außen oft nicht so einfach zu ändern sind, bist du zumindest zu Hause in der Lage, dir den heilenden Gegenpol zu schaffen: einen friedvollen und gepflegten Wohnraum für ein einfacheres Leben.

Entscheidungshilfe

Du musst eine Entscheidung treffen? Mach dir bewusst: Du hast ein Recht darauf, in Ruhe darüber nachzudenken und dir Reaktionszeit zu nehmen.

Bring dabei zum Beispiel alle Spiegel im Haus auf Hochglanz, so kannst du dein Spiegelbild immer wieder prüfend fragen: Möchte ich dies oder das wirklich? Fühle ich mich wohler, wenn ich zu- oder wenn ich absage? Sehe ich glücklich aus, wenn ich dies oder jenes bestellt habe? Wie sehe ich überhaupt aus? Sollte ich stattdessen lieber zum Friseur gehen, mein Make-up überdenken oder ein paar Pfund ab- oder zunehmen?

Du siehst, so können auch noch ganz andere Fragen auftauchen, die ebenfalls der Klärung bedürfen.

Erfolgs-Mindset

So nennt man es auf Neudeutsch, wenn du miese Gedanken fallen lässt und dich stattdessen bewusst entscheidest, gut drauf zu sein. Denn nach dem Spiegelprinzip ziehst du dann folgerichtig auch im Außen Gutes an.

Mach dir die optimistische Grundhaltung zur Gewohnheit, dann kannst du dich auch regelmäßig über Erfolge freuen, so einfach ist das.

Und wie kannst du die miesepetrige Stimmung überreden, der guten Laune zu weichen? Schlage nach unter H wie *Haushaltsglück*.

Ergebnisse lügen nicht

Notiere deine haushaltsglücklichen Erfolge in ein Erfolgstagebuch, damit sie nicht in Vergessenheit geraten:

- Du hast dein Büro auf Vordermann gebracht, und in dieser Zeit kamen drei Zusagen für Projektvorschläge?

- Du hast deinen Kleiderschrank neu aufgestellt und in derselben Woche drei Komplimente und eine Filmrolle erhalten?
- Du hast die Küchenschränke endlich mal ausgeräumt und geputzt – und seither sind dir alle Gerichte doppelt so gut gelungen?

Deine Ergebnisse lügen nicht: Sind sie gut, dann ist eben auch dein Resonanzfeld astrein gewesen. (Sind sie irgendwie fehlgeleitet, dann mach dir erst mal einen Kaffee, und frag' dich mal, wo der Fehler liegen könnte. Und übrigens: Fehler gibt es nicht. Es sind bloß Rückmeldungen auf deinem haushaltsglücklichen Weg, der ja am Ende immer zum Erfolg führt. Es kann in manchen Fällen nur eben etwas länger dauern.)

Erlaubnis

Das Gute am Haushaltsglück ist: Du musst niemanden um Erlaubnis fragen. Du musst nicht erst Hilde anrufen und dich mit ihr beraten, ob du schnell mal eben saugen sollst. Du brauchst dich nicht bei Ida zu erkundigen, ob du die Schublade ausmisten oder die Wäsche aufhängen darfst. Du brauchst nicht den Paketboten zu fragen, ob du den Hund baden sollst, und nicht den Tierarzt, ob der Kauf des Designersofas ein Fehler war.

Deine haushaltsglückliche Reise machst du ganz allein auf deine Verantwortung. Allerdings kannst du im Ernstfall auch nicht die Schuld auf andere schieben.

Es bringt alles sowieso nichts

Oh, da ist er ja, der gute alte Rundumschlag. *Been there, done that* – alles probiert, doch bei dir bleibt trotzdem alles beim Alten. Weil sowieso nie etwas wirklich funktioniert, richtig?

Dann kannst du das Haushaltsglück-System erst recht anwenden, denn du hast ja nichts zu verlieren. Selbst in der Misere lebt es sich mit einem glänzenden Ceranfeld besser als mit einem schmutzigen. Und ehe du es merkst, bist du schon beim Putzen mit Zusatznutzen, und alles ist wieder in Bewegung. Du führst kreisende Bewegungen aus – und schon im nächsten Moment können ebensolche Bewegungen auf deinem Konto stattfinden.

Du gibst, und es kommt zurück. Du befreist dich von Ballast, und der freie Platz kann neu gefüllt werden. Du putzt ein Fenster – und schon strahlt die Sonne wieder hinein. Es ist kein Hexenwerk: Mach ein paar sinnvolle Handgriffe – und schon antwortet dir das Universum, du wirst sehen!

Geschenk

Haushaltsglück ist dir von oben gegeben. Es ist ein Geschenk, das erstens entdeckt und zweitens als solches behandelt werden will. Dann führt es zu einer energetischen Erhöhung, weil das Universum dich unterstützt: Nutze das Geschenk immer wieder, um dich aus ungünstigen Stimmungs- und Lebenslagen emporzuheben! Vergiss dabei nicht, stets auf das richtige Timing zu achten. Stimmt der Zeitpunkt, dann geht dir das Putzen oder Aufräumen so leicht von der Hand, dass du es mit einem Strandspaziergang verwechseln könntest. Oder du glaubst, du seist schon in der Kaffeepause. Ist beides nicht der Fall, dann lass es sein – Putzen mit

Zusatznutzen funktioniert nur, wenn du den Vibe spürst, also die grundsätzliche Begeisterung für das Leben, die dabei unterschwellig pulsiert.

H

Haushaltsglück

Stimmung im Keller? Überfordert? Alles wächst dir über den Kopf? Die Lösung liegt immer zu Hause: Bring eine kleine Ecke in deinen vier Wänden in Ordnung – mit Hingabe – und du wirst sehen: Wenn du etwas für dein Zuhause tust, tust du es auch für dich.

Denn nach getaner Arbeit durchflutet dich ein Erfolgskick. Die Stimmungsmisere ist abgewendet, dein Wohlbefinden steigt wieder – und gemäß dem Spiegelprinzip reagieren die äußeren Umstände darauf!

Wir nutzen Hausarbeit als Sprungbrett in ein Erfolgs-Mindset. Es weckt deine Lebensgeister wieder auf und zeigt dir den nächsten Schritt, selbst wenn du glaubst, keinen Weg mehr zu sehen.

Mantra bei der Arbeit: »Ich bin neugierig, was jetzt alles Gutes auf mich zukommt!«

K

Kaffee ist aus (und das Geld für den Monat ebenfalls)

Hast du auch wirklich im letzten Winkel der Vorratskammer nachgesehen? Gut, dann verfeinere deine Suche:

- Nimm die untere Verblendung der Küchenschränke ab und suche unter den Schränken nach heruntergefallenen Kaffeebohnen. Schon ab zehn Bohnen lässt sich die Illusion eines Espressos erzeugen – zumindest duftet es so, falls er doch nicht trinkbar ist.

- Hebe die Kaffee- bzw. Espressomaschine hoch und suche darunter und dahinter ebenfalls nach restlichen Bohnen.
- Noch kein Erfolg? Dann ist Umdenken angesagt: Klingele genau zur Kaffeezeit bei Hilde, dort ist eine Tasse Kaffee garantiert.
- Ist dort keiner zu Hause, nimm eine Dose Erbsen aus dem Vorratsraum, geh zu den Nachbarn und schlage ihnen einen Tausch vor.
- Hat sich immer noch keine Tasse des begehrten Heißgetränks eingestellt, verliere nicht den Mut! Versuche, unauffällig das Weihnachtsgeld-Sparschwein zu öffnen, und entnimm den Mindestpreis für Kaffeebohnen, die deiner würdig sind (also alles). Sprich bitte nicht darüber, dass du diesen Tipp hier gelesen hast.

Sollte sich in der Weihnachtskasse kein Geld befinden, dann akzeptiere für den Moment deine Lage. Putze mit Hingabe die Kaffeemaschine, entkalke sie vielleicht und denke zurück an all die schönen Momente, die der Kaffee und du miteinander verbracht habt. Selbst wenn gerade Funkstille herrscht, weißt du doch: Diese Beziehung wird für immer halten und jede Krise geht vorbei.

Da klingelt doch tatsächlich der Paketbote. Was ist das? Eine Packung Espressobohnen aus der Lieblingsrösterei. Anbei liegt ein Kärtchen: Gratulation! Du hast mit deinem Gedicht den Kaffeepoesie-Wettbewerb gewonnen.

Morgens wach' ich auf und freu mich schon auf dich,
weil ich dich täglich brauch: Du bist das Größte für mich.
Mit Milch und bei einem guten Gespräch bist du
das Schönste am Tag. Drum schreib ich
diese Zeilen dir, weil ich dich so mag.

Kleine Schritte

Eine Kleinigkeit kann das Leben nicht verändern, sagst du? Du willst Großes schaffen, also musst du in die Vollen gehen und dich täglich verausgaben? Nun, probiere es ruhig. Aber sag nicht, es hätte dich keiner gewarnt, wenn dir schon bald alles zu viel wird (schlage nach unter Z wie »Zuviel« oder U für »Überforderung«).

Untersuchungen haben gezeigt: Große Dinge starten ganz klein. Große Bäume sind aus einem kleinen Trieb gewachsen. Große Errungenschaften haben mit einer Idee und einem kleinen ersten Schritt begonnen. Baby Steps lautet das englische Zuckeretikett, du erinnerst dich? Und es ist ein wahres Wundermittel: Baby Steps werden dich auf den höchsten Berggipfel tragen, wenn sie sich geduldig summieren. Und selbst eine Schildkröte kann große Strecken zurücklegen – in ihrem Wohlfühltempo. Finde deines!

M

Magischer Marmorkuchen

Geheimtipp von Hilde: Wenn du nicht weiterweißt, backe einen Marmorkuchen! Es ist so ein bodenständiger, ehrlicher Kuchen ohne viel Schnickschnack. Als Oase in stürmischen Zeiten hilft er aufgebrausten Gemütern, wieder ins Gleichgewicht zu kommen, und sein Anblick ermöglicht uns ein tieferes Lebensverständnis. Das marmorierte Muster zeigt, wie erst durch das Zusammenspiel der Gegenpole ein magisches Ganzes entstehen kann, denn: Was wäre dieser Kuchen ohne den Schokoanteil? Oder ohne den hellen Teig? Er wäre unvollständig!

Bringen wir die Erkenntnisse auf eine höhere Ebene: Was wäre Ruhe, wenn es keine Stürme gäbe? Was wäre eine gute Nachricht, wenn unser Leben sowieso nur aus Erfolg gestrickt wäre? Und was wäre ein Haushalt ohne Haushaltsglück? Eben.

Möglichkeiten

Es ist ja nicht so, dass du im Leben keine Möglichkeiten hättest. Du siehst sie oft bloß nicht. Daher gilt es, deinen Blick viel mehr auf die Möglichkeiten zu richten als auf vermeintliche Nachteile – oder Gründe, warum dies und jenes sowieso nicht geht.

Haushaltsglückliches Geheimrezept: Heiße neue Ideen willkommen (statt sie gleich abzutun) und vermute überall Portale zu einem glücklicheren Leben. Hättest du gedacht, dass dein Wischmopp eines ist? Oder dein Putzschwamm? Oder der Besen? Nein? Nun bist du eingeweiht.

Jetzt wird dir ganz schwindlig vor lauter Portalen und Möglichkeiten? Du willst sie alle auf einmal auswählen und ergreifen? Nur die Ruhe! Atme tief durch und überlege genau, was du wirklich willst. Dann brauchst du gar nicht so viele Portale auszuprobieren und gar nicht so viel Energie aufzubrauchen. Wähle mit Bedacht gleich das Beste aus – dann bleibt mehr Zeit für eine genüssliche Kaffeepause.

N

Negative Gedanken

Ersetze negative Gedanken durch Vorfreude, das ist der Erfolgskatalysator schlechthin. Vorfreude ist der Garant für Zusatznutzen bei jeder Putztätigkeit.

Freue dich also, während du das Geschirr spülst, Unkraut zupfst oder die Einfahrt fegst. Bleibe konsequent in dem warmen Gefühl und kehre sofort wieder dahin zurück, sobald du Zweifel bemerkst.

Neidgefühle

Dich plagen Neidgefühle, weil Hilde den handlichen Mini-Dampfreiniger besitzt, der dir schon lange vorschwebt – während du die Armaturen noch von Hand polierst? Lass dir gesagt sein: Es lohnt sich, den Kauf eines neuen Haushaltsgeräts gut zu überdenken. Zu schnell könnte er sich als Fehlkauf herausstellen, der dich am Ende mehr belastet, als dass er hilft. Und er könnte dich vor die Herausforderung einer Rückgabe, Wartung oder Reparatur stellen.

Freue dich gebührlich über dein jetziges Leben, und genieße die Ruhe beim Polieren der Armaturen: Im Übrigen sollen handwerkliche Tätigkeiten, die wir ohne elektrische Hilfe ausführen, merklich zufriedener machen.

Hinweis: Kaufst du dir den Mini-Dampfreiniger trotzdem, könnte es zu einer Retoure kommen – gehe hierfür zum Buchstaben R.

P

Potenzial

Es ist doch so: Wir müssen im Leben unser Potenzial ins Spiel bringen. Wir müssen es nutzen – und wann, wenn nicht jetzt, ist die Zeit dafür? Stehen wir dem Leben nicht länger im Weg und nehmen wir den Fuß von der Bremse, dann stellen sich die Erfolge mitunter so schnell ein, dass wir kaum mehr Zeit zum Putzen haben!

Das Gute ist: Dein Haushalt fleht dich geradezu an, endlich das haushaltsglückliche Potenzial in ihm zu erkennen. Er will dir den Weg zu Zufriedenheit, Glück und Erfolg bahnen, möchte dein Unterstützer, Coach und bester Freund sein. Er reicht dir alle Hände – und Geräte –, die er hat, du kannst also jederzeit starten.

Putzen mit Zusatznutzen

Zusammengefasst lässt es sich so ausdrücken: Bei einer Putzhandlung, die wir im haushaltsglücklichen Sinne ausführen, wenden wir uns im Geiste etwas Höherem zu.

Wir strecken uns aus nach mehr Übersicht und Ordnung, nach mehr Glanz in unserem Alltag, nach mehr Erfolgsgefühlen, nach mehr Qualität statt Chaos. Wir wollen nicht das Mittelmäßige oder gar das Miesepetrige – ist die Lage auch noch so trist, wir richten uns auf Verbesserung aus, indem wir zum Beispiel mit dem Einräumen des Geschirrspülers beginnen. Alles, was wir danach erleben, ist unweigerlich eine Erhöhung, denn wir haben ein Chaos – und war es auch noch so klein – beseitigt und durch glänzende Umstände ersetzt.

Ist die Lage auch noch so trist,
wir richten uns auf Erhöhung aus.

– Haushaltsglücklicher Grundsatz –

Retouren

Du schwimmst in nicht abgeschickten Retouren? Terminiere in deinem Kalender einen Zeitpunkt, um alle Retouren zu packen und zu versenden. Verbinde die Abgabe mit einem klaren Highlight, zum Beispiel einem Zwischenstopp am Gummibärchenbüfett im Hermes-Kiosk.

Mach dir klar: Du wirst dich wesentlich besser fühlen, wenn alle Retouren abgegeben sind, geradezu erleichtert! Hättest du allerdings erst gar nichts von alldem bestellt, könntest du jetzt auch genüsslich im Freibad liegen oder auf der Terrasse.

Versuche unterstützend das folgende Mantra, das du beim Retourenpacken wiederholen kannst: »Ich bin mir selbst genug.«

Reue

Gerade online ein neues Sofa bestellt – und du bereust es schon? Fingernägelkauen ist keine gute Maßnahme. Setz dich umgehend in Bewegung (das mildert die Nervosität), und nimm dich einer Tätigkeit an, die dir dasselbe Ventil bietet, jedoch einen konstruktiven Effekt hat, zum Beispiel: alte Aufkleberreste von Schranktüren pulen. Dies liefert das gleiche zufriedenstellende Gefühl wie Fingernägelkauen, nur müssen deine Fingernägel nicht leiden: Ein Schaber oder Spatel, Olivenöl oder das Wundermittel WD40 und ein Schmutzradierer übernehmen die Arbeit.

Rückfälle

Auf die grundsätzliche Einstellung kommt es an, das ist das Wichtigste. Die Bedingung lautet: nicht aufgeben. Akzeptiere Rückfälle, aber entscheide immer wieder, die haushaltsglückliche

Grundeinstellung einzunehmen (siehe »Putzen mit Zusatznutzen« unter P) und von dort aus neu zu starten. Klar gibt es schlechte Tage, aber: Gib ihnen nicht das Steuer in die Hand.

Zum Beispiel mit blitzi oder einem Putzschwamm hältst du mächtige Waffen in der Hand, um auch heute wieder die Welt zu retten – zumindest einen kleinen Teil davon!

Schlechte Laune

Du bist schlecht gelaunt – dann stell dir die magische Frage: Wie kann ich mein Zuhause ein kleines bisschen besser machen? Das können selbst Kleinigkeiten sein, wie der Austausch der Batterie in der stehengebliebenen Wanduhr. Jede Verbesserung im häuslichen Umfeld kann deine Laune aufhellen – und gleich sieht die Welt wieder ganz anders aus. Starte einfach da, wo du starten kannst!

Tipp: Notiere fünf (Haushalts-)Glücksmomente, für die du dankbar bist – und lächle wenigstens einmal kurz.

Schlimmer geht's nimmer? Nutze die Chance!

Es ist einer dieser Tage, an denen du besser nicht aufgestanden wärst? Alles geht schief und als Krönung gab's noch einen ungerechtfertigten Rüffel vom Chef? Oder dicke Luft im Freundeskreis? Oder Streit in der Familie – und im Supermarkt fiel dir vor den Augen aller ein Glas Kirschen aus der Hand?

Trag es mit Fassung. Besonders Unangenehmes hat nämlich die größte, beste, tollste haushaltsglückliche Therapiekraft, also kannst du dich eigentlich sogar freuen. Du weißt es noch nicht, aber in Wirklichkeit ist heute DEIN TAG!

Denn nur an einem Tag wie diesem bist du in der Lage, noch einen Schritt weiter zu gehen und dich der unangenehmsten, schlimmsten Sache im Haushalt zu stellen (oder auch der Steuererklärung).

Du wolltest es längst erledigt haben? Du schiebst es immer wieder auf? JETZT ist der Zeitpunkt, es wirklich anzupacken, denn deine Stimmung kann sowieso nicht mehr mieser werden, oder? Wohl aber besser, nämlich wenn du den Riesenberg erklommen hast – und genau dieser Tag war dann perfekt dafür.

Spiegelprinzip

Wie innen, so außen lautet ein Grundgesetz des Universums, das sogar im Wort selbst verborgen liegt: *uni* – dasselbe – und *vers* – kommt zurück. Darum ist es ratsam, dass wir uns in einem Erfolgs-Mindset (siehe Buchstabe E) befinden, wenn wir gute Umstände in unser Leben ziehen wollen.

U

Überforderung

Du hast das Gefühl, die Hausarbeit wächst dir mal wieder über den Kopf?

Erinnere dich: Dein Haushalt ist doch dein bester Freund. Du sollst dich nicht über ihn ärgern, sondern dich an ihm berauschen, damit er dir glänzende Zeiten eröffnen kann. Denn jeder Putzhandgriff bringt schließlich den wunderbaren Zusatznutzen, dass sich deine Erfolgsresonanz erhöht! Und dennoch ist ein Putzpensum jenseits von 15 Minuten nicht empfohlen. Wo bitte soll da Überforderung aufkommen?

Überschwang

Klopft Erfolg an deine Tür, dann heißt es: einfach annehmen! Freu dich, aber flippe nicht aus. Atme tief durch und begib dich sofort in eine haushaltsglückliche Putztätigkeit, die dir erst mal als Ventil dient – und dir Zeit verschafft, dich wieder in deiner Erfolgsgrundeinstellung zu verankern. Die da wäre? Na, dass du Erfolg verdient hast. Erfolg (und nichts anderes) hast du schließlich erwartet, seit du Haushaltsglück bewusst praktizierst. Also geh und nimm ihn entgegen wie ein Profi!

Ungeduld

Du wartest dringend darauf, dass etwas Bestimmtes geschieht oder sich einstellt? Auf eine Rückmeldung, einen bestimmten Brief, ein Ergebnis oder ein Ereignis – und die Ungeduld macht dich ganz nervös?

Wie gut, dass es Putzen mit Zusatznutzen gibt: Gib das Warten auf und nutze die Zeit besser, nämlich um dich in Erfolgsstimmung zu bringen. Lenke dich von der unguten Warterei ab, und schnapp dir lieber haushaltsglückliche Erfolgsgefühle. Stellt sich das sehnlich Erwartete dann ein, hast du die Wartezeit mehr als nützlich überbrückt: Du hast dein Zuhause auf Hochglanz gebracht und dabei dein Resonanzfeld für ein positives Ergebnis gestärkt, statt in Zweifel oder negative Gefühle abzurutschen.

Denk daran: Der Weg ist das Ziel. Würde dir alles Gewünschte auf einmal serviert, wäre das Leben ziemlich langweilig, oder? Also bitte mal ein Hoch auf Ungewissheit und Wartezeiten!

V

Vertrauensvorschuss

Durch Haushaltsglück wird sich dein Leben zum Positiven hin verändern. Gib ihm anfangs einen kleinen Vertrauensvorschuss, frei nach dem Motto: Du und dein Haushalt, ihr beide habt Kapazitäten, die weit über das hinausgehen, was ihr bisher gelebt habt!

Viele Menschen wissen nicht, dass sie mittels Haushaltsglück erheblichen gestalterischen Einfluss auf ihr Leben haben. Sie lassen ihr Leben von äußeren Umständen bestimmen, dabei trennt sie nur ein Wischmopp oder ein Staubwedel von ihrem Glück. Es wären nur Minuten des Putzens mit Zusatznutzen (nachzuschlagen unter P), die es als Initialzündung für einen Erfolgsschneeballeffekt bräuchte – und schon fände eine Erhöhung und ihr Leben auf einer höheren Glücksebene statt.

W

Was kann ich von hier aus tun?

Dies ist und bleibt eine Türöffnerfrage im Haushaltsglück. Denn fest steht: Wenn du keinen Schwamm hast, kannst du auch keinen verwenden. Wenn dein Cerankochfeld schon blitzeblank geputzt ist, kannst du es nicht noch sauberer kriegen.

Kalkuliere also stets mit dem, was du auch wirklich zur Verfügung hast. Und wieder sind wir bei den Möglichkeiten: Wo liegen deine ganz persönlichen Möglichkeiten heute? Was bietet das Universum dir persönlich an – und was machst du daraus? (Lies auch nach unter K: »Kleine Schritte.«)

Zukunftsängste

Du hast Angst, ob du auch in Zukunft gut versorgt sein wirst? Verbringe eine Nacht in der Geborgenheit deiner Vorratskammer. Betrachte eingehend ihre (hoffentlich) gefüllten Regale und nimm wahr, wie dein Puls sich sukzessive beruhigt. Wiederhole die Maßnahme bei Bedarf. Kommt sie zu oft vor, ziehe in Betracht, in deinem Schlafzimmer weitere Vorratsregale aufzubauen und sie bis zum Anschlag aufzufüllen. So kannst du wenigstens wieder in deinem Bett schlafen.

Zuviel

Dir wird gerade alles zu viel? Dann ist dringend Ballastabwerfen angesagt! Miste schnell eine Schublade aus, wirf Abgelaufenes aus dem Kühlschrank, sauge das Auto gründlich aus und trenne dich von ein paar Büchern, die ausgelesen sind. Trage Abfälle nach draußen, entsorge das Altglas und fege die Einfahrt. Melde Sperrmüll an, retourniere den bestellten Plastikblumentopf und trenne dich von drei Fehlkäufen aus der Vergangenheit. Spende Kinderspielzeug, ein paar Kleidungsstücke und großzügig Geld, falls du auch dein Konto entschlacken willst.

Spürst du die erfrischende Brise, die mit der neuen Leere kommt? Die Erleichterung? Atme sie ein, und fühl dich wieder frei.

Abschiedsespresso

Jeder gute Anfang hat eine reelle Chance auf ein gutes Ende – am besten eines, das noch eine angenehme Überraschung mit sich bringt.

Die Überraschung ist in diesem Fall, dass du das Haushaltsglück mitnehmen darfst, nun, da das Buch zu Ende ist und unsere Wege sich trennen. Denn so macht man es ja mit guten Freunden: Sie kommen zum Kaffee und man leiht ihnen etwas aus. Oder man schenkt ihnen etwas – oder bekommt selbst ein Geschenk. Oder man tauscht sich aus und inspiriert sich gegenseitig. Zwar geht dann jeder wieder seiner Wege, doch das Gespräch hat einfach gutgetan. Also im Idealfall.

Möge die Bekanntschaft mit dem Haushaltsglück dir gutgetan haben! Denn oft sind es ja gerade die unscheinbaren Türen, die uns unvermutete Wege eröffnen.

Hast du Schlösser in die Luft gebaut, so war
diese Arbeit nicht notwendigerweise vergeblich.
Gerade dort sollen sie sich befinden!
Jetzt gib ihnen ein Fundament.

– Henry David Thoreau: Walden –

Ja doch, du hast natürlich recht: Haushaltsglück ist mit einem Augenzwinkern zu verstehen. Doch ist es nicht das, was wir brauchen, um uns – wie Hilde sagt – öfter mal locker zu machen?

Denn was täten wir ohne Haushaltsglück?

Na, das wollen wir uns gar nicht mehr ausmalen! Haushaltsglück flößt uns Lebendigkeit ein, so wie ein Kaffee am Morgen: Solange wir noch im Bett sind, scheint die Außenwelt wenig einladend. Gern zögern wir das Aufstehen hinaus und stellen den Wecker noch einmal zehn Minuten vor. Doch lockt uns ein Kaffeeduft in die Küche, dann haben wir die Hürde des Aufstehens schnell genommen.

Sitzt du auf dem Sofa und grübelst bloß unsinnig herum, dann musst du zugeben: Jede Verlängerung dieser unentspannten Sofasession ist ungesund. Du weißt nicht recht, was du mit dir anfangen sollst? Du brauchst bloß genau hinzuhören: Erhöre den Ruf aus der Küche, wo das schmutzige Geschirr sich türmt, und schaff dort mal eben klare Verhältnisse. Das war's schon: Ehe du es gemerkt hast, hast du die leidige Sofalethargie unterbrochen. Deine Lebensgeister sind wieder geweckt, und du hast dir ein erfrischendes Erfolgserlebnis spendiert.

Oder du fahndest am Schreibtisch nach Inspiration, doch der Prozess ist zäh. Was spricht gegen eine Runde Terrassefegen? Dass die Terrasse danach einwandfrei aussieht, ist ein angenehmer Nebeneffekt. Die Hauptsache aber ist: Dabei kam dir wie aus dem Nichts ein Geistesblitz, der deinen Gedankengang perfekt abrundet.

Wenn du ratlos bist,
wende dich getrost deinem Haushalt zu,
denn er hat immer eine Idee.
– Haushaltsglück-Weisheit –

Und damit – das ist seine Magie – ermöglicht dir dein Zuhause eine Zwischenzeit, in der du deine Balance wiederfindest. Eine Auszeit vom Ernst des Lebens, in der du Erlebtes verdauen und dich innerlich auf noch nicht Erlebtes vorbereiten kannst. In der du gute Ideen finden kannst. In der du deine Stimmung eben mal kurz verbessern kannst, weil du dir putzend leicht ein Erfolgserlebnis und deiner Zuversicht einen Relaunch verschaffst.

Ja, klopf dir ruhig mal selbst auf die Schultern, schließlich hast du jeden Grund dazu!

Die Helden unserer Zeit

Aus haushaltsglücklicher Sicht zählt nicht am meisten, was am Ende des Tages von der To-do-Liste gestrichen werden kann. Wichtig ist die Motivation, die daraus entsteht: Du öffnest dich mehr und mehr für die Möglichkeiten, die vor dir liegen – statt Situationen als ausweglos zu empfinden. Schließlich weißt du jetzt: Es gibt immer noch einen weiteren Schritt, den du gehen kannst. Du könntest zum Beispiel gerade mal ... na, mittlerweile fällt dir bestimmt selbst etwas Sinnvolles ein.

Fortan schaust du neugierig in Richtung Zukunft, wo Gutes auf dich wartet, statt dich im letzten Winkel vor den möglichen Gefahren zu verstecken. Es herrscht neuer Glanz in alten Mauern – und das gilt nicht nur für unsere vier Wände, sondern auch für uns selbst.

Ohne Frage werden Haushaltsglück-Anwender zu imposanten Persönlichkeiten. Damit gehören sie zu den stillen Helden unserer Zeit: Sie gehen die Dinge im Außen mit Bedacht an, denn sie hatten zuvor beim Fegen der Einfahrt etwas Zeit, um runterzukommen.

Sie treffen Entscheidungen behutsam und finden, bewaffnet mit dem rosa Putzschwamm, zunächst eine innere Antwort, bevor sie im Außen etwas übers Knie brechen. Sie setzen konsequent auf das Spiegelprinzip, um sich in Balance zu bringen, und überhaupt scheinen sie stets frisch gecoacht um die Ecke zu kommen. Das verleiht ihnen ein befreites Flair und einen frischen Teint. Genau genommen leuchten sie geradezu – ob das der viele Kaffee bewirkt?

Sie wenden sich aus eigener Kraft dem Erfolg zu und haben sich dem Ziel verschrieben, die Welt ein bisschen schöner zu machen – dabei fangen sie zu Hause an. Am Ende könnte diese Lebenshaltung noch ansteckend sein. Wo kämen wir denn da hin?

Die Essenz auf dem Silbertablett

Lasst uns den Abschied nicht unnötig in die Länge ziehen. Nicht, dass wir noch Tränen riskieren – oder Worte, die wir besser nicht gesagt hätten. Also gut, noch ein letzter Espresso.

Dann kann ja auch kurz aus dem Nähkästchen geplaudert werden, denn es gibt tatsächlich noch etwas. Nennen wir es eine Kleinigkeit am Rande. Du hättest das Buch nämlich gar nicht zu lesen brauchen. Es geht auch viel einfacher: Du öffnest es etwa in der Mitte und klappst es dann mit so viel Wucht zu, wie du kannst. So dass kräftig Staub aufgewirbelt wird und der Nachbar verwundert die Gardine zurückschiebt. Dann werden die Seiten ihre Stimme finden und dir ihre Essenz freiwillig zurufen:

Räum auf, putze und miste aus – und
dann hebe die Kaffeetasse und warte,
bis dir der Erfolg in den Schoß fällt.

– Haushaltsglück-Essenz auf dem Silbertablett –

Ja wirklich, das ist alles. Oder kennst du im Chaos unserer Zeit etwas Besseres, um bei Verstand zu bleiben?

Und vergiss nicht: Wirf niemals einen Lappen weg, der noch Potenzial hat, wohl aber eine Pfanne, in die nicht der ganze Fisch passt. Denn für dich soll es schon das Beste sein, und ich hab' es im Gefühl: Das Beste kommt erst noch!!!

Von Herzen: Claudia

Zum Nachschauen und Weiterlesen

- Canfield, Jack und Hansen, Mark Victor: Hühnersüppchen für die Seele. Goldmann 2002
- Kingston, Karen: Feng Shui gegen das Gerümpel des Alltags. Rowohlt 2008
- Kondo, Marie: Magic Cleaning. Wie richtiges Aufräumen Ihr Leben verändert. Rowohlt 2013
- Magnusson, Margareta: Frau Magnussons Kunst, die letzten Dinge des Lebens zu ordnen. S. Fischer 2018
- McRaven, William Henry: Change the World. Vortrag an der Universität von Texas aus dem Jahr 2014. YouTube-Link: https://youtu.be/rzxfJC-_cro
- Peters, Claudia: Vertrauen haben reicht zum Glück. Verlag am Eschbach 2021
- Thoreau, Henry David: Walden oder Leben in den Wäldern. Nikol Verlag 2020
- Film: Cast Away – Verschollen. Aus dem Jahr 2000 von Robert Zemeckis

Die Autorin

Dr. phil. Claudia Duwe lebt in Ostfriesland. Sie ist Mutter einer Tochter, Diplom-Medienwirtin, zweifach ausgebildeter Coach, Autorin und Dozentin.

Claudia Duwe studierte Medien- und Kulturwissenschaften an den Universitäten Siegen und Birmingham/GB und arbeitete viele Jahre lang als Kommunikationsreferentin an Universitäten und Forschungsinstituten.

Bücher:

- Der kleine Alltagsmagier. Wie wir jeden Tag mit Freude und Leichtigkeit erfüllen (2019, Verlag Gräfe und Unzer)
- Der Zukunft wieder trauen. Verluste meistern mit der Kraft des Löwen (2022, Patmos Verlag)

176 Seiten, farbig, gebunden
ISBN 978-3-96933-019-7
€ [D] 16,00

Anjana Gill

77 Lifehacks zur Wunscherfüllung

Tipps & Tricks: Erfolg mit dem Universum

Profi-Tricks zur Wunscherfüllung!
Was immer auch dein Wunsch ist: Es gibt 77 Tipps und Tricks für eine schnelle Erfüllung, die du unbedingt kennen solltest.
Anjana Gill zeigt dir diese Tipps und auch, welche Fallen und Hindernisse du unbedingt vermeiden solltest. Jetzt kann die Erfüllung nichts mehr stoppen.
In 3 Monaten sieht deine Welt ganz anders aus.
Du und das Universum – jetzt ist alles möglich.

176 Seiten, broschiert
ISBN 978-3-96933-016-6
€ [D] 12,00

Ilona Friederici – Deine Mutmacherin

Erfüllt leben – so schaffst du es

Die Weisheiten der Hamanyalas

Was tun, wenn eine Situation aussichtslos erscheint? Wen fragen, wenn man einen guten Rat braucht? Die Antwort steckt in dir.
Die Hamanyalas symbolisieren deine eigenen Fähigkeiten zu Problemlösungen. Du kannst jederzeit auf sie zurückgreifen. Dieses Buch zeigt dir, wie du deine Hamanyalas nutzen kannst, um jeden Konflikt leicht zu lösen und um ein zufriedenes und glückliches Leben zu führen. Der Weg, um immer zum richtigen Zeitpunkt das Richtige zu tun. *»Du bist danach nie wieder wie vorher und du kannst nicht mehr zurück zu dem, wie du vorher warst.«*

224 Seiten, broschiert
ISBN 978-3-89845-596-1
€ [D] 17,00

Maria G. Baier-D'Orazio

Schneiden Sie die Tomaten doch mal anders als sonst

Aus der Routine des Alltags ausbrechen und jünger werden

Raus aus der Routine, hinein in ein kreatives Leben voller Leichtigkeit!
Haben Sie sich nicht schon immer ein Leben gewünscht, in dem Platz ist für Neues, für Spontaneität, Lebenslust und Abenteuer? Genau dieses Leben können Sie sich erschaffen und frischen Wind in Ihr Leben lassen. Entdecken Sie, wie Sie mit kleinen Veränderungen dem Leben Farbe verleihen, es facettenreicher, intensiver werden lassen.

160 Seiten, 2-farbig, broschiert, mit abgerundeten Ecken
ISBN 978-3-89845-676-0
€ [D] 11,00

Kurt Tepperwein

Leben wie Little Buddha

Eine Forschungsreise ins eigene Bewusstsein!
Das Leben durchschauen und die Forschungsreise ins eigene Bewusstsein wagen, um unsere wahre Identität zum Vorschein zu bringen und das Außergewöhnliche im Alltag zu erleben. Um mühelos und dankbar die Kunst des Manifestierens und der Selbstheilung zu erlernen und immer die richtige Entscheidung zu treffen, liefert dieses Buch das nötige Werkzeug in Form von praxisbezogenem Training, das uns zu unserem wahren Sein führt – durch die bewusste Ausrichtung unserer Aufmerksamkeit auf das, was sein soll. Erwachen in ein Bewusstsein, das grenzenlos und allumfassend ist, das alles kann, alles ist und alles weiß.

144 Seiten, 2-farbig, broschiert
ISBN 978-3-89845-667-8
€ [D] 10,00

Melani B

Wortinspirationen für neue Blickwinkel

Tagesimpulse, um ins Tun zu kommen

Erlebe dich neu!
Lass dich durch die bunte Vielfalt der Wortinspirationen berühren.
Durch eigene Eintragungen unter den Impulsen hast du die wundervolle Möglichkeit, Anregungen, neue Sichtweisen und Ideen sowie einen klaren Blick für eigenes Erfühlen, Erkennen und Handeln zu gewinnen.
Eine spannende Reise zu dir selbst beginnt. Denn die beste Zeit ist immer jetzt.
Neue Blickwinkel lohnen sich immer!

128 Seiten, farbig, broschiert mit abgerundeten Ecken
ISBN 978-3-89845-620-3
€ [D] 11,00

Sabine Kühn & Ulla Knoll

Harmonisieren von Wohn- und Arbeitsräumen

Methoden zur energetischen Hausreinigung

Wenn negative Energien in einem Raum schwingen, bedarf es positiver Elemente, um den Raum zu harmonisieren.
Um einen solchen Raum wirklich zu »reinigen«, stellen Ihnen die beiden erfahrenen Autorinnen hier verschiedene Reinigungsmethoden vor, die von »Räuchern« über »Klang« bis zur »inneren Reinigung« reichen.
So können auch Sie dank energetischer Reinigung zu mehr Wohlbefinden, Ruhe und Harmonie in Ihren Wohn- oder Arbeitsräumen finden.

160 Seiten, durchg. farbig, gebunden
ISBN 978-3-89845-623-4
€ [D] 16,00

Theo Fischer

WuWei – Lebenskunst des Tao

Nichts tun und alles erreichen

Wer sich der jahrtausendealten Weisheit des Tao öffnet, wird erfahren, dass es sich mit ihr unbeschreiblich leicht lebt. Theo Fischer zeigt, wie man lernen kann, in der Gegenwart zu leben und das Leben zu genießen. Er begleitet uns auf dem Weg des Tao, der uns zeigt, dass wir das Leben annehmen sollen, so wie es ist, wie man aus seiner Mitte heraus durch Geschehenlassen handeln kann und dadurch frei von Sorgen und Gedanken um das Morgen wird. Wer aufhört, gegen seine innere Kraft zu kämpfen, der erfährt, wie schön und voller Freude unser Dasein von seiner ursprünglichen Bestimmung her sein kann.

176 Seiten, 2-fbg., broschiert
ISBN 978-3-89845-467-4
€ [D] 14,00

Franziska Krattinger

Woran Pechvögel hängen und worauf Glückspilze aufbauen

Alles beginnt klein und endet groß

Wir bestimmen unser Leben aus der Kraft unserer Gedanken und Gefühle. Doch wir sind oft in Denk- und Gefühlsgewohnheiten gefangen. Franziska Krattinger beschreibt die Stolpersteine, genannt Gewohnheiten, und zeigt die Lösungen dazu. Die Möglichkeiten zur Verbesserung unseres Lebensgefühls sind verblüffend einfach, wirkungsvoll und für jedermann leicht anzuwenden ...
Ein kleines Buch mit großer Wirkung, da es die Kraft des positiven Denkens in uns entfacht!

288 Seiten, broschiert
ISBN 978-3-96933-013-5
€ [D] 16,00

Franz Huber

Herzenshühner

Ein erfülltes Leben mit Hühnern

Ach du lieber Gott, meine Mutter hat mir ihre Hühner vererbt! Und jetzt? Wir haben uns tatsächlich angefreundet – die Hühner und ich.
Mich überkommen eigenartige Gefühle, wenn ich im Garten in der Abenddämmerung auf der alten Bank sitze, mit Bruno, dem Gockel, der krähend versucht, die Sonne zurückzurufen ...
Was ist jetzt real? Das hängt davon ab, was ich als real bezeichne und wie ich mein Leben gestalten möchte, oder?
Ein Buch voller Farben, Klänge, Düfte und vor allem Erkenntnisse – nicht nur für Hühnerhalter.

168 Seiten, Klappenbr.
ISBN 978-3-89845-152-9
€ [D] 14,00

Franziska Krattinger

Ein Wort genügt!

... sich einfach umprogrammieren

Schalten Sie einfach um! – Manchmal genügt ein einziges Wort, um verborgene Haltungen ans Licht zu bringen oder Einstellungen zu ändern. Dabei gibt es spezielle Worte, die gleichsam eine magische Wirkung haben, da sie die Schlüssel zu unserem Unterbewusstsein sind: Schaltworte.
Schalten Sie einfach um – und beobachten Sie die Veränderungen in Ihrem täglichen Leben, ohne dass Sie bewusst daran denken oder eine Vorstellung der Lösung haben müssten. Nutzen Sie die Kraft, eine Situation augenblicklich im besten und idealen Sinn zu verändern.

224 Seiten, durchgehend farbig, broschiert
ISBN 978-3-89845-406-3
€ [D] 19,95

Seena B. Frost

SoulCollage® – Kreativbilder deiner Seele

Das neuartige Arbeitsbuch zur Selbstfindung

SoulCollage® ist die neue, kreative Art, sich selbst besser kennenzulernen. Alles, was Sie dafür brauchen, ist eine Schere, Fotos oder ein paar Magazine und Klebstoff. Damit schaffen Sie Bilder Ihrer Seelenlandschaften.
Die kreierten Seelencollagen geben uns die Möglichkeit, unserer eigenen, intuitiven Weisheit zu lauschen, die durch die Bilder der Karten auftaucht. Und so entdecken wir unsere Seele mit ihren Schatten sowie ihren angeborenen Fähigkeiten und können unsere Ziele im Leben erfolgreich verfolgen.

160 Seiten, durchgehend farbig, broschiert
ISBN 978-3-96933-024-1
€ [D] 22,00

Claudia Lazzari

Wahre Schönheit geht unter die Haut

Die 4 Phasen der natürlichen, ganzheitlichen Hautpflege

Es ist an der Zeit zu erkennen, dass unser Körper ein ganzheitliches, sehr intelligentes System ist.
Kosmetik kann, wenn sie richtig angewendet wird, wieder Ordnung in den Körper bringen. Stressreduktion, Versorgung mit Vitalstoffen und Unterstützung aller Körperfunktionen entlasten die Haut, die als Entgiftungsorgan das letzte Glied der Kette ist. Körper und Haut bilden eine Symbiose, bei der beide voneinander profitieren können.
Hier geht es ums Ganze und es geht unter die Haut. Hier geht es um dich!

Weiterführende Informationen zu
Büchern, Autoren und den Aktivitäten
des Silberschnur Verlages erhalten Sie unter:
www.silberschnur.de

Natürlich können Sie uns auch gerne den
Antwort-Coupon aus dem beiliegenden
Lesezeichenflyer zusenden.

Ihr Interesse wird belohnt!

Deine Haushaltsglück-Methoden

Deine Haushaltsglück-Methoden

Deine Haushaltsglück-Methoden

Deine Haushaltsglück-Methoden